APRENDA SCIKIT-LEARN

*Machine Learning Essencial
para Ciência de Dados*

Diego Rodrigues

APRENDA Scikit-Learn
Machine Learning Essencial
para Ciência de Dados

Edição 2025

Autor: Diego Rodrigues

studiod21portoalegre@gmail.com

Publicado por StudioD21.

Nota Importante

Os códigos e scripts apresentados neste livro têm como principal objetivo ilustrar, de forma prática, os conceitos discutidos ao longo dos capítulos. Foram desenvolvidos para demonstrar aplicações didáticas em ambientes controlados, podendo, portanto, exigir adaptações para funcionar corretamente em contextos distintos. É responsabilidade do leitor validar as configurações específicas do seu ambiente de desenvolvimento antes da implementação prática.

Mais do que fornecer soluções prontas, este livro busca incentivar uma compreensão sólida dos fundamentos abordados, promovendo o pensamento crítico e a autonomia técnica. Os exemplos apresentados devem ser vistos como pontos de partida para que o leitor desenvolva suas próprias soluções, originais e adaptadas às demandas reais de sua carreira ou projetos. A verdadeira competência técnica surge da capacidade de internalizar os princípios essenciais e aplicá-los de forma criativa, estratégica e transformadora.

Estimulamos, portanto, que cada leitor vá além da simples reprodução dos exemplos, utilizando este conteúdo como base para construir códigos e scripts com identidade própria, capazes de gerar impacto significativo em sua trajetória profissional. Esse é o espírito do conhecimento aplicado: aprender profundamente para inovar com propósito.

Agradecemos pela confiança e desejamos uma jornada de estudo produtiva e inspiradora.

ÍNDICE

SAUDAÇÕES!

É com grande entusiasmo que o recebo para explorar as poderosas funcionalidades e os recursos avançados da biblioteca Scikit-Learn. Sua decisão de dominar o Scikit-Learn reflete claramente um compromisso com sua evolução profissional e a busca pela excelência em Ciência de Dados e Machine Learning, áreas fundamentais para impulsionar soluções inteligentes e orientadas a resultados no mundo atual.

Neste livro, você encontrará uma abordagem estruturada e completa, projetada para oferecer uma experiência de aprendizado sólida e totalmente aplicável aos desafios reais enfrentados por cientistas e analistas de dados atualmente. Cada capítulo foi cuidadosamente construído, partindo dos conceitos fundamentais até exemplos práticos avançados, garantindo que você adquira não apenas o conhecimento teórico necessário, mas também a habilidade prática para implementar soluções reais e altamente eficientes utilizando Scikit-Learn.

Ao dedicar-se a este estudo, você se prepara para enfrentar os desafios presentes no mercado digital atual, onde o domínio de técnicas eficientes de Machine Learning, validação rigorosa de modelos, gerenciamento otimizado de dados e a integração prática com outras tecnologias são fatores determinantes para o sucesso de qualquer projeto tecnológico. Seja você um profissional experiente buscando aprimorar ainda mais suas competências ou alguém que está dando os primeiros passos no universo da ciência de dados e aprendizado de máquina, este livro fornecerá uma base sólida e uma visão ampla das aplicações práticas dessa biblioteca essencial.

Cada capítulo deste livro foi meticulosamente elaborado

seguindo o protocolo TECHWRITE 2.3, priorizando clareza absoluta, precisão técnica e aplicabilidade imediata. Você aprenderá desde os fundamentos essenciais, como instalação e configuração do ambiente de desenvolvimento com Python e Scikit-Learn, até técnicas mais avançadas, incluindo pré-processamento de dados, engenharia de features, algoritmos de regressão e classificação, métodos ensemble, técnicas de clusterização, redução de dimensionalidade, detecção de anomalias, pipelines automatizados, ajuste fino de hiperparâmetros e implantação prática de modelos em produção.

Em cada etapa da jornada proposta, você encontrará explicações detalhadas, exemplos práticos cuidadosamente testados, além de uma seção especialmente dedicada aos erros comuns, soluções recomendadas, boas práticas essenciais e aplicações reais, permitindo uma aprendizagem direta, fluida e completamente focada em resultados concretos.

No contexto atual, altamente competitivo e orientado por dados, dominar o Scikit-Learn proporcionará a você um diferencial significativo, capacitando-o a construir soluções robustas capazes de gerar insights valiosos, otimizar decisões estratégicas e garantir performance consistente em suas aplicações de Machine Learning.

Prepare-se para uma jornada profunda, detalhada e, acima de tudo, prática. Ao final deste livro, você estará plenamente capacitado para utilizar o Scikit-Learn em projetos de qualquer complexidade, entregando resultados efetivos e alinhados às melhores práticas reconhecidas mundialmente.

Vamos juntos explorar as funcionalidades essenciais e avançadas do Scikit-Learn, esclarecer conceitos cruciais para dominar suas ferramentas e transformar seus conhecimentos técnicos em resultados reais. Este é o seu momento para elevar sua competência técnica e garantir que esteja sempre à frente em um cenário digital que exige constante inovação e domínio prático de tecnologias de ponta.

Seja bem-vindo e tenha uma ótima leitura!

SOBRE O AUTOR

Diego Rodrigues
Autor Técnico e Pesquisador Independente
ORCID: https://orcid.org/0009-0006-2178-634X
StudioD21 Smart Tech Content & Intell Systems
E-mail: studiod21portoalegre@gmail.com
LinkedIn: linkedin.com/in/diegoxpertai

Autor técnico internacional (*tech writer*) com foco em produção estruturada de conhecimento aplicado. É fundador da StudioD21 Smart Tech Content & Intell Systems, onde lidera a criação de frameworks inteligentes e a publicação de livros técnicos didáticos e com suporte por inteligência artificial, como as séries Kali Linux Extreme, SMARTBOOKS D21, entre outras.

Detentor de 42 certificações internacionais emitidas por instituições como IBM, Google, Microsoft, AWS, Cisco, META, Ec-Council, Palo Alto e Universidade de Boston, atua nos campos de Inteligência Artificial, Machine Learning, Ciência de Dados, Big Data, Blockchain, Tecnologias de Conectividade, Ethical Hacking e Threat Intelligence.

Desde 2003, desenvolveu mais de 200 projetos técnicos para marcas no Brasil, EUA e México. Em 2024, consolidou-se como um dos maiores autores de livros técnicos da nova geração, com mais de 180 títulos publicados em seis idiomas. Seu trabalho tem como base o protocolo próprio de escrita técnica aplicada TECHWRITE 2.2, voltado à escalabilidade, precisão conceitual e aplicabilidade prática em ambientes profissionais.

APRESENTAÇÃO DO LIVRO

O cenário atual de Ciência de Dados e Machine Learning nunca foi tão dinâmico e crucial para o sucesso das organizações. Com volumes crescentes de dados e a necessidade urgente por soluções inteligentes e automatizadas, o domínio de ferramentas eficazes como o Scikit-Learn tornou-se indispensável para profissionais que buscam excelência e resultados consistentes. Este livro, , foi criado para ser seu guia prático, acompanhando você desde os conceitos básicos até a implementação prática em cenários reais.

Nossa jornada começa no Capítulo 1, com uma introdução abrangente ao Scikit-Learn, apresentando sua história, evolução e importância na ciência de dados, destacando sua arquitetura modular e como ele se diferencia de outras bibliotecas de Machine Learning.

No Capítulo 2, preparamos o ambiente de desenvolvimento, com a instalação do Python e do próprio Scikit-Learn, criação do seu primeiro projeto de Machine Learning e testes iniciais para garantir um ambiente totalmente funcional.

Avançamos no Capítulo 3, explorando em detalhes a estrutura e os conceitos fundamentais da biblioteca, esclarecendo a importância dos componentes, templates, metadados e diretivas estruturais. Além disso, abordamos o papel do Python dentro do contexto do Scikit-Learn.

O Capítulo 4 mergulha profundamente nos estimadores, os componentes essenciais para construir modelos preditivos, introduzindo algoritmos básicos fundamentais para a compreensão prática do Machine Learning.

Capítulo 5 aborda as técnicas essenciais de pré-processamento de dados, como escalonamento, normalização e tratamento de dados faltantes, fundamentais para garantir qualidade e eficácia dos modelos criados.

No Capítulo 6, você aprenderá sobre Feature Engineering, incluindo técnicas avançadas de criação, transformação e seleção de features, preparando dados robustos para impulsionar o desempenho dos seus modelos.

Já no Capítulo 7, apresentamos os modelos de regressão disponíveis no Scikit-Learn, detalhando desde a regressão linear até técnicas mais avançadas não lineares, essenciais para previsão e análise de dados quantitativos.

Em seguida, no Capítulo 8, abordamos os modelos de classificação mais importantes, explicando e demonstrando algoritmos essenciais para problemas complexos de categorização, como Regressão Logística, Decision Trees e outros métodos fundamentais.

No Capítulo 9, você conhecerá as técnicas essenciais de validação cruzada e avaliação detalhada dos modelos, assegurando robustez e precisão nos resultados obtidos.

O Capítulo 10 trata da otimização de hiperparâmetros, ensinando como ajustar modelos de maneira eficaz para maximizar seu desempenho preditivo.

Nos capítulos subsequentes, aprofundamos técnicas avançadas essenciais ao profissional completo em Machine Learning: o Capítulo 11 explora os métodos ensemble, como Random Forest e Gradient Boosting, que oferecem excelente precisão e robustez; o Capítulo 12 apresenta uma introdução detalhada às Support Vector Machines (SVM), abordando sua utilização prática e os contextos em que melhor se aplicam.

Em Capítulo 13, trabalhamos com redes neurais simples através do MLPClassifier do Scikit-Learn, fornecendo uma base sólida para modelos neurais básicos e eficazes.

O Capítulo 14 trata dos algoritmos de clusterização (Clustering), essenciais para descobrir estruturas ocultas em grandes volumes de dados não rotulados.

No Capítulo 15, você aprenderá técnicas avançadas de redução de dimensionalidade, utilizando PCA e t-SNE, para visualização e otimização de dados complexos.

O Capítulo 16 apresenta métodos eficazes para detecção de anomalias com Isolation Forest, permitindo identificar e tratar outliers com precisão.

Nos capítulos finais, refinamos ainda mais suas habilidades práticas: o Capítulo 17 trata da criação de pipelines automatizados para Machine Learning, garantindo eficiência e escalabilidade; o Capítulo 18 aborda estratégias avançadas para o deploy seguro e eficaz de modelos em ambientes produtivos, preparando-o para aplicações reais de larga escala.

O Capítulo 19 ensina técnicas especializadas para lidar com dados desbalanceados, um desafio comum em projetos reais, enquanto o Capítulo 20 detalha a integração eficiente do Scikit-Learn com outras bibliotecas essenciais, como Pandas e Matplotlib.

No Capítulo 21, apresentamos conceitos avançados de Automação e AutoML, ensinando ferramentas práticas para automatizar etapas críticas do fluxo de Machine Learning. Em seguida, no Capítulo 22, você dominará a interpretação e a explicabilidade de modelos, através de técnicas como SHAP e LIME, fundamentais para decisões estratégicas em cenários sensíveis.

Capítulo 23 conecta você ao universo Big Data, integrando Scikit-Learn com ferramentas poderosas como Spark e Dask, enquanto o Capítulo 24 ensina como aplicar princípios avançados de MLOps, incluindo estratégias robustas de CI/CD para modelos.

Finalizamos nossa jornada no Capítulo 25 com um capítulo dedicado a testes avançados e depuração de modelos, assegurando máxima qualidade, performance e eficiência em suas implementações práticas.

Ao seguir cada capítulo deste livro, você contará com uma estrutura clara e didática, incluindo explicações detalhadas, exemplos testados e reais, soluções para erros comuns, melhores práticas recomendadas e aplicações práticas concretas, garantindo um aprendizado progressivo e focado em resultados.

Ao dominar os conceitos e técnicas apresentados em cada capítulo deste guia, você estará plenamente capacitado a criar soluções de Machine Learning robustas, escaláveis e eficazes com Scikit-Learn, destacando-se como um profissional indispensável em qualquer equipe ou projeto de Ciência de Dados.

Seja bem-vindo à revolução do conhecimento prático em Machine Learning com Scikit-Learn. Este é o guia completo que você precisa para transformar teoria em aplicações reais e de alto impacto.

CAPÍTULO 1. O QUE É SCIKIT-LEARN?

O universo da ciência de dados cresce em ritmo acelerado, impulsionado pelo aumento exponencial de informações geradas por pessoas e dispositivos. Com esse avanço, a necessidade de ferramentas robustas que permitam análises precisas, rápidas e práticas torna-se imperativa. É nesse cenário que o Scikit-Learn se destaca como uma biblioteca essencial no desenvolvimento de soluções de Machine Learning em Python. Este capítulo fornece uma introdução detalhada, explorando sua história, características que o diferenciam de outras bibliotecas e detalhando sua arquitetura modular.

História e evolução do Scikit-Learn

O Scikit-Learn, também conhecido como sklearn, é uma biblioteca de código aberto para Machine Learning, escrita em Python. Sua origem remonta ao projeto Google Summer of Code em 2007, desenvolvido por David Cournapeau como uma extensão do SciPy, uma biblioteca científica em Python. Inicialmente, Scikit-Learn era chamado apenas "scikits.learn", refletindo sua natureza como um complemento modular ao SciPy.

Em 2010, após três anos de desenvolvimento comunitário e ampliação significativa de funcionalidades, o projeto ganhou independência como uma biblioteca própria, sendo renomeado oficialmente para Scikit-Learn. Desde então, cresceu rapidamente graças à contribuição ativa da comunidade de desenvolvedores, cientistas de dados e pesquisadores acadêmicos ao redor do mundo.

A filosofia inicial do Scikit-Learn era fornecer uma biblioteca fácil de usar, acessível e consistente. Hoje, a biblioteca é amplamente adotada por sua interface intuitiva, documentação robusta e variedade abrangente de algoritmos implementados com alto desempenho. Scikit-Learn tornou-se uma referência internacional em Machine Learning, sendo amplamente empregado tanto na academia quanto em empresas líderes do setor de tecnologia e análise de dados.

Diferença entre Scikit-Learn e outras bibliotecas de Machine Learning

Diversas bibliotecas de Machine Learning competem por espaço no mercado técnico, cada uma com suas próprias características e especialidades. Entender as principais diferenças entre o Scikit-Learn e outras bibliotecas populares ajuda você a selecionar a ferramenta mais apropriada para diferentes contextos de aplicação.

Scikit-Learn vs. TensorFlow e PyTorch

TensorFlow e PyTorch são bibliotecas que se especializaram em aprendizado profundo (Deep Learning). Elas foram projetadas especialmente para lidar com redes neurais complexas e exigem maior conhecimento técnico na configuração e no desenvolvimento dos modelos. O Scikit-Learn, por outro lado, destaca-se pela simplicidade de uso, consistência na aplicação e rápida implementação de métodos tradicionais de Machine Learning, como regressão, classificação, clustering e pré-processamento de dados.

Enquanto TensorFlow e PyTorch são ideais para problemas complexos, envolvendo grande volume de dados e redes neurais profundas, o Scikit-Learn oferece simplicidade para o desenvolvimento rápido e eficiente de modelos clássicos e soluções tradicionais que não dependem exclusivamente de técnicas avançadas de redes neurais.

Scikit-Learn vs. XGBoost, LightGBM e CatBoost

Bibliotecas especializadas como XGBoost, LightGBM e CatBoost oferecem algoritmos otimizados e de alto desempenho para métodos ensemble baseados em árvores, como Gradient Boosting. Elas frequentemente apresentam maior rapidez e eficiência em grandes conjuntos de dados e cenários competitivos, como desafios em competições Kaggle.

O Scikit-Learn também possui algoritmos ensemble robustos, como Random Forest e Gradient Boosting, mas em geral oferece implementações menos especializadas e otimizadas para tarefas muito grandes ou altamente competitivas. Contudo, ele continua sendo a melhor escolha para uma abordagem inicial, mais generalista, ou para projetos que necessitem integração rápida com outras ferramentas Python, devido à sua estrutura padronizada e clareza na aplicação prática.

Scikit-Learn vs. Statsmodels

A biblioteca Statsmodels é focada em estatísticas tradicionais e econometria, oferecendo maior profundidade em análises estatísticas detalhadas e testes de hipóteses. Diferentemente dela, o Scikit-Learn enfatiza uma abordagem mais direta ao Machine Learning prático, com algoritmos fáceis de utilizar, modelos pré-definidos e integração simplificada a pipelines automatizados.

Statsmodels é ideal para análise estatística profunda e detalhada, enquanto Scikit-Learn é preferível quando o objetivo é a construção rápida, clara e direta de modelos preditivos ou classificadores aplicados diretamente aos problemas práticos e de mercado.

Arquitetura baseada em componentes e sua importância

Um dos fatores mais importantes que tornam o Scikit-Learn popular entre profissionais e pesquisadores é sua arquitetura modular baseada em componentes. Essa arquitetura consiste em elementos padronizados chamados estimadores, transformadores e pipelines, organizados em uma interface consistente e fácil de usar.

Estimadores

Estimadores são objetos que possuem a capacidade de aprender a partir dos dados fornecidos. Eles recebem dados de entrada, ajustam internamente seus parâmetros e retornam um modelo treinado. Exemplos de estimadores incluem modelos de regressão linear (LinearRegression), classificadores como árvores de decisão (DecisionTreeClassifier) e agrupadores como KMeans (KMeans).

A padronização desses estimadores no Scikit-Learn é especialmente importante porque permite a utilização uniforme de diferentes algoritmos e técnicas. Todos os estimadores seguem uma interface comum com métodos como .fit() para treinamento e .predict() para gerar previsões.

Por exemplo, treinar um modelo estimador com Scikit-Learn envolve apenas estas etapas simples:

python

```
from sklearn.linear_model import LinearRegression

modelo = LinearRegression()
modelo.fit(X_treino, y_treino)
predicoes = modelo.predict(X_teste)
```

Este formato simples se repete consistentemente em toda a biblioteca.

Transformadores

Transformadores são objetos que modificam os dados de entrada, preparando-os para serem usados por estimadores. Eles realizam tarefas como normalização, escalonamento, codificação de variáveis categóricas ou redução da dimensionalidade.

Transformadores compartilham uma interface padronizada, usando os métodos .fit() para aprender parâmetros necessários para transformação e .transform() para aplicar a transformação aos dados:

python

```python
from sklearn.preprocessing import StandardScaler

scaler = StandardScaler()
scaler.fit(X_treino)
X_treino_scaled = scaler.transform(X_treino)
X_teste_scaled = scaler.transform(X_teste)
```

Esse padrão de interface facilita enormemente a integração dos transformadores em pipelines de pré-processamento e modelagem.

Pipelines

Pipelines são uma das maiores vantagens estruturais do Scikit-Learn. Eles combinam transformadores e estimadores em uma sequência lógica de passos que podem ser executados automaticamente. Os pipelines garantem que o fluxo completo — desde o pré-processamento até a previsão — aconteça de

maneira consistente e repetível.
Exemplo prático de pipeline:
python

```
from sklearn.pipeline import Pipeline
from sklearn.preprocessing import StandardScaler
from sklearn.linear_model import LogisticRegression

pipeline = Pipeline([
    ('scaler', StandardScaler()),
    ('logistic_regression', LogisticRegression())
])

pipeline.fit(X_treino, y_treino)
predicoes = pipeline.predict(X_teste)
```

Os pipelines não apenas simplificam o código, como também previnem erros comuns relacionados à consistência do pré-processamento em conjuntos diferentes de dados (como treino e teste).

Resolução de Erros Comuns

Erro: "ValueError: shapes not aligned"
Este erro ocorre quando as dimensões das variáveis independentes e dependentes não correspondem.
Solução: Verifique as dimensões das variáveis com .shape antes do ajuste. Garanta que X (features) e y (alvo) tenham números iguais de amostras (linhas).

Erro: "ModuleNotFoundError: No module named 'sklearn'"
Ocorre quando o Scikit-Learn não está instalado corretamente no ambiente Python.

Solução: Instale a biblioteca usando o comando pip install scikit-learn. Em seguida, verifique a instalação utilizando import sklearn no ambiente Python.

Boas práticas e aplicações reais

- Sempre utilize pipelines para garantir consistência nos processos.
- Utilize validação cruzada para avaliar modelos corretamente antes de colocá-los em produção.
- Documente e organize claramente cada etapa do pré-processamento realizado, utilizando scripts reproduzíveis.

Grandes empresas como Spotify, Airbnb e Google aplicam Scikit-Learn diariamente em sistemas de recomendação, segmentação de clientes, previsões estratégicas e detecção de fraudes, destacando sua eficácia e confiabilidade no mercado.

Resumo Estratégico

O Scikit-Learn representa uma ferramenta indispensável no arsenal de qualquer profissional moderno de dados, combinando clareza, eficiência e praticidade em uma única plataforma. Conhecer profundamente sua arquitetura, funcionamento e aplicações reais amplia diretamente sua capacidade de entregar resultados de alto valor e relevância no cenário competitivo de ciência de dados e Machine Learning.

CAPÍTULO 2. INSTALANDO E CONFIGURANDO O AMBIENTE

Para realizar projetos eficazes de Machine Learning, o primeiro passo essencial é configurar adequadamente seu ambiente de desenvolvimento. O objetivo é assegurar que todas as ferramentas necessárias estejam corretamente instaladas e configuradas, garantindo que você possa focar diretamente na criação e análise dos modelos. Este módulo conduzirá você pela instalação do Python e do Scikit-Learn, construção de um projeto inicial e explicará a estrutura típica utilizada em projetos reais, garantindo uma base sólida para todas as atividades futuras.

Instalação do Python e Scikit-Learn
Instalando o Python

Python é a linguagem mais popular e recomendada para ciência de dados e Machine Learning. Para começar, acesse o site oficial (python.org) e baixe a versão estável mais recente. Ao executar o instalador, marque a opção **Add Python to PATH**, garantindo que você consiga acessar o Python facilmente pela linha de comando.

Após a instalação, verifique se tudo ocorreu corretamente. Abra seu terminal (no Windows use cmd ou Powershell, no Mac e Linux use o terminal) e execute o seguinte comando:
bash

```
python --version
```

Se a instalação foi bem-sucedida, aparecerá a versão instalada do Python, algo como Python 3.12.0.

Instalando Scikit-Learn com pip

Com Python instalado, o próximo passo é instalar o Scikit-Learn. A maneira mais rápida e simples é utilizar o pip, o gerenciador de pacotes oficial do Python. Digite o seguinte comando no terminal:
bash

```
pip install scikit-learn
```

Além disso, recomendamos instalar outras bibliotecas complementares amplamente utilizadas na construção de modelos de Machine Learning:
bash

```
pip install numpy pandas matplotlib seaborn
```

As bibliotecas garantem suporte completo para manipulação, visualização e análise de dados.

Criando Ambientes Virtuais (recomendado)

Uma boa prática é usar ambientes virtuais para gerenciar as dependências de cada projeto de maneira independente. Assim garante-se que cada projeto utilize versões específicas das bibliotecas necessárias, evitando conflitos futuros.

Para criar e ativar um ambiente virtual, use:
bash

```
python -m venv projeto_ml
```

Ativando no Windows:
bash

```
projeto_ml\Scripts\activate
```

Ativando no Linux ou Mac:
bash

```
source projeto_ml/bin/activate
```

Após ativado, instale novamente as bibliotecas dentro desse ambiente virtual utilizando pip. Isso garantirá maior controle sobre seu ambiente de desenvolvimento.

Criando o primeiro projeto de Machine Learning com Scikit-Learn

Com o ambiente pronto, é hora de criar seu primeiro projeto de Machine Learning utilizando o Scikit-Learn. Essa atividade permitirá que você compreenda o fluxo básico de trabalho e confirme se as instalações anteriores foram feitas corretamente. Crie uma pasta para seu projeto com nome intuitivo, como primeiro_projeto_ml, e dentro dela crie um arquivo chamado modelo.py. Nesse arquivo, implemente o seguinte modelo de script básico, que utiliza o dataset Iris, incluído diretamente no Scikit-Learn:
python

```
# Importando as bibliotecas essenciais
from sklearn.datasets import load_iris
from sklearn.model_selection import train_test_split
```

```python
from sklearn.linear_model import LogisticRegression
from sklearn.metrics import accuracy_score

# Carregando o dataset Iris
iris = load_iris()
X = iris.data
y = iris.target

# Separando dados em treino e teste (80% treino, 20% teste)
X_train, X_test, y_train, y_test = train_test_split(X, y,
test_size=0.2, random_state=42)

# Criando e treinando o modelo
modelo = LogisticRegression(max_iter=200)
modelo.fit(X_train, y_train)

# Fazendo previsões nos dados de teste
predicoes = modelo.predict(X_test)

# Avaliando a precisão do modelo
precisao = accuracy_score(y_test, predicoes)
print(f"Precisão do modelo: {precisao * 100:.2f}%")
```

Explicando o código passo a passo

- Importamos as bibliotecas essenciais, incluindo datasets e funções específicas do Scikit-Learn.

- O dataset Iris contém dados sobre três espécies diferentes da flor Iris, usado amplamente como exemplo inicial em Machine Learning.

- train_test_split divide automaticamente o conjunto de

dados em partes para treino e teste.

- LogisticRegression é um modelo clássico utilizado em classificação de dados categóricos.

- O método .fit() ajusta o modelo aos dados de treino.

- O método .predict() realiza previsões baseadas nos dados ajustados.

- accuracy_score avalia a precisão das previsões comparando com os valores reais.

Execute o código através do comando no terminal:
bash

```
python modelo.py
```

O resultado será a precisão do modelo, confirmando que todas as etapas anteriores funcionaram corretamente.

Estrutura básica de projetos Scikit-Learn

Uma estrutura organizada é essencial para gerenciar projetos de maneira eficiente e profissional. Uma estrutura típica recomendada seria semelhante ao seguinte padrão:
nginx

```
projeto_ml
├── dados
│   └── dados_brutos.csv
├── notebooks
│   └── exploracao.ipynb
├── scripts
```

```
|   |──── preprocessamento.py
|   |──── treinamento.py
|   └──── avaliacao.py
|──── modelos
|   └──── modelo_final.pkl
└──── README.md
```

- A pasta dados guarda datasets utilizados e manipulados.

- notebooks contém análises exploratórias, geralmente feitas com Jupyter Notebook.

- A pasta scripts centraliza todos os scripts Python do projeto, organizados por etapa do fluxo de trabalho.

- modelos armazena modelos treinados e serializados para utilização posterior.

- O arquivo README.md oferece informações importantes e instruções claras para qualquer pessoa que utilize ou colabore no projeto.

Testando a instalação com comandos básicos

Além do código já criado, uma maneira rápida de testar se tudo está corretamente configurado é executar diretamente comandos no terminal interativo do Python. Abra o terminal Python digitando no terminal do sistema operacional:
bash

```
python
```

Digite os comandos abaixo para validar as instalações:
python

```
import sklearn
import numpy
import pandas
print("Bibliotecas instaladas com sucesso!")
```

Se nenhuma mensagem de erro aparecer, todas as bibliotecas estão corretamente instaladas e prontas para uso.

Resolução de Erros Comuns

Erro: Command 'python' not found
Solução: Reinstale o Python, certificando-se de marcar a opção "Add Python to PATH" durante a instalação. Reinicie o terminal após a instalação.

Erro: ModuleNotFoundError: No module named 'sklearn'
Solução: Execute pip install scikit-learn no terminal com o ambiente virtual ativo. Em seguida, confirme com o comando pip list.

Erro: ValueError ou erro relacionado a shapes incompatíveis ao executar código
Solução: Utilize o método .shape do NumPy ou Pandas para conferir as dimensões de todas as variáveis antes de realizar treinamentos ou previsões.

Boas Práticas

- Utilize sempre ambientes virtuais para gerenciar dependências específicas por projeto, evitando conflitos entre bibliotecas.

- Utilize um controle de versão (como Git) para registrar o histórico de alterações no projeto, especialmente quando trabalha em equipe ou em projetos complexos.

- Padronize sua estrutura de pastas em todos os projetos, facilitando a organização e colaboração.

- Automatize etapas repetitivas usando scripts reutilizáveis sempre que possível.

- Valide modelos regularmente através de técnicas como validação cruzada para garantir resultados robustos e confiáveis.

Empresas reconhecidas como Spotify, Netflix e Amazon usam rotineiramente Scikit-Learn como parte de sua infraestrutura técnica de Machine Learning para recomendar conteúdos, otimizar operações internas e prever tendências estratégicas de mercado, demonstrando seu valor real e aplicabilidade em cenários altamente exigentes.

Resumo Estratégico

A instalação e configuração adequada do ambiente para projetos com Python e Scikit-Learn são fundamentais para garantir eficiência, consistência e produtividade em todas as etapas subsequentes de Machine Learning. Com este ambiente estruturado e funcional, você está plenamente preparado para explorar profundamente o potencial dos dados, construir modelos avançados e gerar resultados reais e impactantes com confiança e rapidez.

CAPÍTULO 3. ESTRUTURA E CONCEITOS FUNDAMENTAIS

Ao lidar com Machine Learning utilizando o Scikit-Learn, entender profundamente sua estrutura básica e conceitos fundamentais torna-se indispensável. Compreender como essa biblioteca é construída facilita seu uso intuitivo, aumenta a produtividade e garante a qualidade técnica dos projetos desenvolvidos.

O Scikit-Learn se destaca pela clareza na sua arquitetura baseada em componentes, por sua organização lógica e facilidade de expansão e integração com outras ferramentas da ciência de dados. Neste contexto, abordaremos os componentes fundamentais, o papel das diretivas estruturais e atributos, e como o Python atua como linguagem-chave para extrair o máximo potencial da biblioteca.

Componentes, Templates e Metadados

A arquitetura do Scikit-Learn é fundamentada em três tipos essenciais de objetos: estimadores, transformadores e preditores. Esses componentes possuem um comportamento padronizado, garantindo consistência ao usar diferentes algoritmos ou técnicas disponíveis na biblioteca.

Estimadores

Estimadores são objetos centrais do Scikit-Learn. Eles aprendem padrões diretamente dos dados. Os estimadores implementam sempre dois métodos obrigatórios: .fit() e .predict() (ou .transform(), dependendo do tipo). O método .fit() treina o modelo, ou seja, aprende as características do conjunto de dados. O método .predict() realiza previsões utilizando o conhecimento previamente adquirido no treino.

python

```python
from sklearn.linear_model import LinearRegression

# Criando o estimador LinearRegression
estimador = LinearRegression()

# Ajustando aos dados (treinando o modelo)
estimador.fit(X_treino, y_treino)

# Realizando previsões
previsoes = estimador.predict(X_teste)
```

LinearRegression é um estimador que aprende a relação entre variáveis independentes e uma variável dependente, facilitando previsões precisas.

Transformadores

Transformadores são responsáveis por alterar os dados de entrada, geralmente para melhorar ou preparar esses dados para os estimadores. Eles implementam dois métodos principais: .fit() para aprender parâmetros e .transform() para aplicar transformações. A principal aplicação é a limpeza, normalização, escalonamento e codificação de dados.

python

```python
from sklearn.preprocessing import StandardScaler
```

```
# Criando o transformador StandardScaler
transformador = StandardScaler()

# Aprendendo a escala dos dados de treino
transformador.fit(X_treino)

# Aplicando transformação
X_treino_escalado = transformador.transform(X_treino)
X_teste_escalado = transformador.transform(X_teste)
```

Neste caso, o StandardScaler normaliza os dados para que cada atributo tenha média zero e variância unitária, garantindo que o modelo tenha dados uniformes para aprendizado.

Preditores

Preditores são tipos específicos de estimadores que geram previsões baseadas no modelo treinado. Um preditor é sempre resultante de um estimador já treinado com o método .fit(). A principal diferença é sua utilização prática: após treinamento, ele é diretamente aplicado para gerar resultados.

Cada um desses objetos (estimadores, transformadores e preditores) pode ser combinado em pipelines que automatizam etapas complexas com clareza e facilidade. Os componentes são modulares, permitindo reutilização eficiente e rápida adaptação conforme necessidades técnicas do projeto.

Diretivas Estruturais e Atributos

O Scikit-Learn possui diretivas estruturais e atributos claros para garantir o funcionamento adequado dos modelos e transformações. São convenções simples, porém essenciais, que determinam como os dados são tratados dentro dos objetos.

Método fit()

O método obrigatório inicializa o treinamento, seja em estimadores ou transformadores. Ao chamar .fit(), o modelo analisa e aprende informações internas sobre os dados fornecidos.
python

```python
modelo.fit(X, y)
```

Método predict()

Disponível em estimadores treinados, .predict() gera previsões baseadas no treinamento realizado pelo .fit().
python

```python
previsao = modelo.predict(X_novo)
```

Método transform()

Implementado em transformadores, .transform() é utilizado para realizar mudanças nos dados (ex.: escalonamento, encoding, etc.), após ajuste com .fit().
python

```python
X_transformado = transformador.transform(X)
```

Tais métodos garantem consistência e permitem que diferentes modelos e transformadores sejam usados com a mesma lógica e simplicidade.

Introdução ao Python e seu papel no Scikit-Learn

Python é uma linguagem interpretada, dinâmica, versátil e altamente produtiva, utilizada amplamente na ciência de dados. A popularidade do Python nesta área decorre de sua sintaxe simples, grande comunidade, vasta quantidade de bibliotecas especializadas e suporte extensivo a integrações com outras ferramentas e sistemas.

No contexto específico do Scikit-Learn, Python atua como linguagem-base e interface direta para acessar todos os recursos da biblioteca. A integração com outras bibliotecas científicas do Python — NumPy, Pandas, Matplotlib e Seaborn — permite um fluxo completo e integrado para Machine Learning.

O papel do Python é central por oferecer uma sintaxe limpa e clara, facilitando que profissionais, mesmo com pouca experiência, implementem rapidamente soluções complexas. Além disso, Python permite o desenvolvimento de aplicações robustas, desde análises rápidas até sistemas em produção.

Exemplo básico demonstrando claramente o papel do Python integrado ao Scikit-Learn:
python

```python
# Importações essenciais
import numpy as np
import pandas as pd
from sklearn.model_selection import train_test_split
from sklearn.ensemble import RandomForestClassifier
from sklearn.metrics import accuracy_score

# Dados fictícios para demonstração
dados = pd.DataFrame({
    'idade': [25, 30, 45, 35, 22, 41],
    'salario': [5000, 6000, 8000, 6500, 4500, 8500],
```

```python
    'comprou': [0, 1, 1, 0, 0, 1]
})

# Separando variáveis independentes e dependentes
X = dados[['idade', 'salario']]
y = dados['comprou']

# Divisão treino e teste
X_treino, X_teste, y_treino, y_teste = train_test_split(X, y,
test_size=0.3, random_state=42)

# Modelo Random Forest
modelo_rf = RandomForestClassifier(n_estimators=100)

# Treinando o modelo
modelo_rf.fit(X_treino, y_treino)

# Previsão
y_pred = modelo_rf.predict(X_teste)

# Avaliação
precisao = accuracy_score(y_teste, y_pred)
print(f"Precisão do modelo: {precisao:.2f}")
```

O exemplo acima demonstra como Python facilita integração, manipulação e execução do Scikit-Learn, garantindo que cada etapa do processo seja clara, precisa e intuitiva.

Resolução de Erros Comuns

Erro: AttributeError: 'transform' not found
Solução: Confirme sempre o tipo do objeto. Apenas transformadores possuem o método .transform(). Em

estimadores preditivos, utilize .predict().

Erro: NotFittedError: Instance not fitted yet

Solução: Sempre realize o treinamento primeiro com .fit() antes de gerar previsões ou transformações. Garanta que a ordem de execução seja clara: primeiro ajuste, depois utilize o modelo.

Boas Práticas

- Utilize sempre pipelines para padronizar e automatizar seu fluxo de Machine Learning, garantindo qualidade e facilidade de manutenção.

- Documente claramente os passos seguidos em cada transformação e estimativa, facilitando colaboração e revisão posterior.

- Realize testes regulares e detalhados dos modelos, usando técnicas como validação cruzada.

- Organize e padronize códigos por meio de funções e classes reutilizáveis, garantindo eficiência e reduzindo erros.

Organizações globais, como bancos, empresas de e-commerce e grandes instituições acadêmicas, adotam o Scikit-Learn em processos críticos. Exemplos incluem classificação de crédito em bancos, sistemas de recomendação em plataformas digitais e previsões médicas precisas em hospitais especializados, comprovando sua versatilidade e eficácia.

Resumo Estratégico

A compreensão profunda da estrutura e conceitos fundamentais do Scikit-Learn fornece bases sólidas para realizar projetos eficientes de Machine Learning. Ao aplicar componentes, diretivas estruturais e o papel central do Python na biblioteca, você assegura maior produtividade, precisão técnica e confiança em todas as soluções desenvolvidas, estando plenamente preparado para abordar desafios reais e complexos com eficácia e clareza técnica.

CAPÍTULO 4. TRABALHANDO COM ESTIMADORES

Dominar o conceito de estimadores é um passo decisivo para construir soluções eficientes com o Scikit-Learn. Um estimador, na definição mais clara e objetiva, é um objeto que aprende com dados fornecidos e gera previsões ou insights com base nesse aprendizado. Todo modelo de Machine Learning no Scikit-Learn é implementado como um estimador, e todos seguem uma estrutura uniforme, permitindo fácil aprendizado, uso e manutenção. A compreensão clara sobre como trabalhar corretamente com esses estimadores permite extrair resultados valiosos e precisos dos dados.

Componentes, templates e metadados

Estimadores são elementos essenciais e estruturantes no Scikit-Learn. Eles possuem três características básicas que definem sua operação: consistência, modularidade e padronização.

Cada estimador oferece uma interface uniforme que inclui métodos específicos, como .fit(), .predict(), .transform() e .score(). Esta padronização é fundamental para garantir que diferentes modelos e técnicas possam ser aplicados de forma rápida e consistente, simplificando o trabalho dos profissionais e reduzindo a possibilidade de erros técnicos.

Método .fit()

O método .fit() é o componente central de todos os estimadores no Scikit-Learn. Ao ser executado, ele permite ao estimador aprender os parâmetros específicos do modelo diretamente dos dados fornecidos.

python

```python
from sklearn.linear_model import LogisticRegression

# Dados de treino
X_treino = [[0, 0], [1, 1], [2, 2], [3, 3]]
y_treino = [0, 0, 1, 1]

# Criando e treinando o modelo
modelo = LogisticRegression()
modelo.fit(X_treino, y_treino)
```

Neste código, o estimador LogisticRegression é treinado com um conjunto simples de dados. O método .fit() permite ao modelo ajustar seus parâmetros internos para compreender a relação existente entre as variáveis.

Método .predict()

Após a etapa de treinamento, o método .predict() é utilizado para realizar previsões com novos dados.

python

```python
# Novos dados para previsão
X_novos = [[1.5, 1.5], [0.5, 0.5]]

# Realizando previsões
previsoes = modelo.predict(X_novos)
print(previsoes)
```

Ao utilizar .predict(), o estimador já treinado gera previsões diretamente, permitindo que você tome decisões rápidas baseadas nos resultados obtidos.

Método .transform()

Alguns estimadores têm a função específica de transformar dados. Estes são chamados de transformadores, e diferem dos preditores por não retornarem previsões, mas sim novos formatos de dados.
python

```
from sklearn.preprocessing import MinMaxScaler

# Dados originais
X = [[10, 100], [20, 200], [30, 300]]

# Escalonando os dados
scaler = MinMaxScaler()
X_escalado = scaler.fit_transform(X)
print(X_escalado)
```

Neste exemplo, o transformador MinMaxScaler aplica uma transformação que escalona os dados entre um intervalo específico (geralmente entre 0 e 1), garantindo que os dados estejam na escala ideal para estimadores posteriores.

Método .score()

O método .score() fornece uma maneira simples e rápida de avaliar o desempenho do modelo treinado com um conjunto de dados de validação ou teste.

python

```
# Avaliando o desempenho do modelo
precisao = modelo.score(X_treino, y_treino)
print(f"Precisão do modelo: {precisao:.2f}")
```

Essa função facilita avaliações rápidas e diretas dos resultados alcançados pelo modelo treinado.

Diretivas estruturais e atributos

O Scikit-Learn possui diretivas estruturais específicas para os estimadores. As diretivas garantem um comportamento padronizado e consistente dos modelos.

- Todo estimador deve ser instanciado antes de ser utilizado, o que significa criar uma variável que represente o modelo escolhido.

- Antes de realizar previsões, o estimador precisa obrigatoriamente ser treinado com .fit().

- Atributos internos de cada estimador (por exemplo, .coef_ para coeficientes de regressão linear ou .feature_importances_ para importância de features em árvores de decisão) ficam disponíveis após a execução do método .fit().

Exemplo prático demonstrando atributos internos após treinamento:
python

```
from sklearn.linear_model import LinearRegression
```

```
# Dados para treinamento
X = [[1], [2], [3], [4]]
y = [2, 4, 6, 8]

# Modelo e treinamento
modelo = LinearRegression()
modelo.fit(X, y)

# Exibindo atributos internos (coeficientes)
print(modelo.coef_)
print(modelo.intercept_)
```

Tais atributos fornecem insights diretos sobre como o modelo aprendeu a relação entre as variáveis analisadas.

Introdução aos estimadores e algoritmos básicos do Scikit-Learn

O Scikit-Learn fornece uma vasta gama de estimadores projetados para diferentes tipos de problemas, sejam eles classificação, regressão, clustering ou redução de dimensionalidade.

Estimadores para Classificação

A classificação consiste em identificar a qual categoria uma observação pertence. Exemplos comuns de estimadores classificadores são:

- LogisticRegression: Utilizado principalmente em problemas binários ou multiclasse simples.

- DecisionTreeClassifier: Eficiente para interpretar e visualizar decisões.

- RandomForestClassifier: Poderoso em evitar overfitting e útil para datasets grandes e complexos.

Estimadores para Regressão

A regressão prevê valores numéricos contínuos. Exemplos populares:

- LinearRegression: Estimador clássico para relações lineares.

- DecisionTreeRegressor: Ótimo para modelos não lineares, oferecendo interpretabilidade.

- RandomForestRegressor: Bom desempenho em cenários complexos com muitos dados.

Estimadores para Clustering

Estimadores agrupam dados não rotulados em conjuntos semelhantes, identificando padrões ou segmentos automaticamente. Alguns deles são:

- KMeans: Cria clusters identificando grupos pelo centro dos dados.

- DBSCAN: Agrupa dados com base em densidade, excelente para dados com formatos irregulares.

Estimadores para Redução de Dimensionalidade

Os estimadores simplificam dados complexos, mantendo informações essenciais.

- PCA: Reduz dimensionalidade ao criar novas variáveis que preservam a maior variância possível.

- t-SNE: Muito utilizado para visualização em duas ou três dimensões.

Resolução de Erros Comuns

Erro: ValueError "shapes (x,y) and (a,b) not aligned"
Solução: Utilize sempre .shape do NumPy para conferir as dimensões antes de realizar operações:
python

```
print(X_treino.shape)
print(y_treino.shape)
```

Erro: AttributeError "'Model' object has no attribute 'predict'"
Solução: Confira a documentação do estimador utilizado e assegure que seja um preditor treinado com .fit() antes de chamar .predict().

Erro: NotFittedError "This estimator instance is not fitted yet."
Solução: Sempre utilize .fit() antes de .predict() para garantir aprendizado prévio.

Boas Práticas

- Utilize pipelines para gerenciar múltiplos estimadores sequencialmente, automatizando processos e prevenindo erros comuns.

- Escolha estimadores apropriados para o tipo específico do problema. Para problemas simples, utilize modelos lineares como primeira abordagem; para problemas complexos, prefira RandomForest ou XGBoost.

- Valide regularmente com validação cruzada para confirmar resultados e estabilidade do modelo.

- Utilize hiperparâmetros adequadamente ajustados, garantindo que os modelos não estejam com overfitting nem underfitting.

Grandes empresas tecnológicas utilizam estimadores Scikit-Learn em processos como detecção de fraudes, previsão de preços e recomendação personalizada de conteúdo, demonstrando aplicabilidade prática real e eficácia técnica comprovada.

Resumo Estratégico

O conhecimento profundo sobre estimadores garante alta produtividade técnica e capacidade real de resolver problemas complexos de dados. Ao compreender como utilizá-los, quais métodos e atributos são mais eficazes, você será capaz de criar rapidamente modelos precisos e confiáveis, obtendo resultados consistentes e efetivos, capazes de gerar impacto real e significativo nos projetos de Machine Learning que você desenvolver.

CAPÍTULO 5. PRÉ-PROCESSAMENTO DE DADOS

O pré-processamento de dados é uma etapa crucial em qualquer projeto de Machine Learning. Frequentemente, a qualidade dos resultados depende diretamente da eficiência e da precisão das técnicas aplicadas durante este processo. Dados brutos frequentemente contêm ruídos, valores inconsistentes, ausências de informações e escalas variadas que, se não tratados corretamente, impactam negativamente a performance dos modelos preditivos.

Scikit-Learn fornece um conjunto robusto de ferramentas especificamente projetadas para simplificar e otimizar o pré-processamento dos dados. Estas ferramentas seguem uma estrutura padronizada, intuitiva e fácil de aplicar, permitindo que você crie pipelines eficientes com clareza e rapidez.

Componentes, templates e metadados

A biblioteca Scikit-Learn utiliza componentes bem definidos que se dividem em transformadores e estimadores. No contexto específico do pré-processamento de dados, transformadores são os componentes mais relevantes, uma vez que permitem alterar, ajustar e preparar os dados para os passos seguintes do aprendizado de máquina.

Cada transformador segue uma estrutura definida claramente pelos seguintes métodos principais:

- .fit(): aprende parâmetros diretamente dos dados;

- .transform(): aplica transformações aos dados com base nos parâmetros aprendidos;

- .fit_transform(): combina as duas etapas acima para maior conveniência e clareza no código.

Tais métodos fornecem uma interface consistente e padronizada para diferentes tipos de transformações, garantindo que você consiga utilizá-las com precisão e rapidez em diversos contextos.

Transformadores fundamentais no pré-processamento

Entre os transformadores mais utilizados, destacam-se:

- StandardScaler: padroniza dados para terem média zero e desvio-padrão unitário;

- MinMaxScaler: normaliza dados em intervalos definidos, geralmente de 0 a 1;

- RobustScaler: utilizado para dados com presença significativa de outliers;

- SimpleImputer: trata valores ausentes, substituindo-os por valores definidos, como média ou mediana;

- OneHotEncoder: codifica variáveis categóricas, transformando-as em representações numéricas binárias;

- OrdinalEncoder: atribui valores numéricos ordenados a variáveis categóricas;

- PolynomialFeatures: gera combinações e interações polinomiais entre variáveis, enriquecendo o espaço das features.

Cada um desses componentes é modular e pode ser combinado facilmente em pipelines, garantindo automação eficiente e qualidade técnica durante o pré-processamento.

Diretivas estruturais e atributos

Ao trabalhar com transformadores de pré-processamento no Scikit-Learn, é essencial compreender claramente as diretivas estruturais e os atributos padrão.

Diretivas estruturais essenciais

- Todos os transformadores devem ser instanciados antes de usados.

- Método .fit() sempre precede o método .transform(), pois a transformação precisa dos parâmetros previamente aprendidos.

- O método .fit_transform() oferece conveniência combinando ajuste e transformação em uma única etapa.

Exemplo prático das diretivas estruturais com o StandardScaler: python

```
from sklearn.preprocessing import StandardScaler

# Dados originais
```

```
X = [[100, 0.001], [8, 0.05], [50, 0.005]]

# Instanciando o transformador
scaler = StandardScaler()

# Aprendendo os parâmetros dos dados e aplicando
transformação
X_scaled = scaler.fit_transform(X)

print(X_scaled)
```

StandardScaler calcula a média e o desvio-padrão para cada feature durante .fit() e utiliza esses valores na etapa .transform() para padronizar os dados, garantindo média zero e variância unitária.

Introdução às técnicas de pré-processamento com Scikit-Learn

O Scikit-Learn oferece técnicas práticas para pré-processar os dados com alta eficiência. Aqui são detalhadas algumas das técnicas mais frequentemente aplicadas e como você pode utilizá-las com clareza e precisão.

Tratamento de valores ausentes

Valores ausentes comprometem diretamente a qualidade do aprendizado do modelo. Uma técnica robusta e simples de tratamento é usar o SimpleImputer.
python

```
from sklearn.impute import SimpleImputer
import numpy as np

X = [[np.nan, 2], [6, np.nan], [7, 6]]
```

```
# Substituindo valores ausentes pela média das colunas
imputer = SimpleImputer(strategy='mean')
X_preenchido = imputer.fit_transform(X)

print(X_preenchido)
```

Os valores ausentes são automaticamente preenchidos com a média de cada coluna, eliminando inconsistências dos dados.

Codificação de variáveis categóricas

Variáveis categóricas não numéricas precisam ser convertidas antes do treinamento do modelo. Uma técnica eficiente é o OneHotEncoder.
python

```
from sklearn.preprocessing import OneHotEncoder

dados_categoricos = [['Brasil'], ['Chile'], ['Argentina'], ['Brasil']]

encoder = OneHotEncoder(sparse=False)
categorias_codificadas =
encoder.fit_transform(dados_categoricos)

print(categorias_codificadas)
```

Neste procedimento, categorias são convertidas em representações numéricas binárias claras, facilitando que o modelo interprete corretamente as variáveis.

Escalonamento e normalização

Escalonamento garante que variáveis estejam no mesmo

intervalo ou escala. Utilizar MinMaxScaler é eficaz para garantir consistência nos dados.
python

```python
from sklearn.preprocessing import MinMaxScaler

dados = [[20, 5000], [25, 5500], [30, 6000]]

scaler = MinMaxScaler()
dados_escalados = scaler.fit_transform(dados)

print(dados_escalados)
```

Aqui, todos os dados são redimensionados para um intervalo padrão (0-1), garantindo uniformidade e estabilidade ao treinamento do modelo.

Remoção de outliers

Outliers são valores extremos que impactam diretamente a qualidade do modelo. Utilizar o RobustScaler garante estabilidade frente a esses valores.
python

```python
from sklearn.preprocessing import RobustScaler

dados_com_outliers = [[1], [2], [5], [100]]

robust_scaler = RobustScaler()
dados_robustos =
robust_scaler.fit_transform(dados_com_outliers)

print(dados_robustos)
```

O RobustScaler aplica uma transformação baseada em medianas, minimizando significativamente a influência de outliers nos dados.

Resolução de Erros Comuns

Erro: "Input contains NaN"
Solução: Sempre utilize técnicas de imputação, como o SimpleImputer, antes de qualquer treinamento do modelo.

Erro: "ValueError: could not convert string to float"
Solução: Utilize sempre OneHotEncoder ou OrdinalEncoder para converter dados categóricos antes de usá-los no treinamento dos modelos.

Erro: "NotFittedError: Instance not fitted yet"
Solução: Sempre execute .fit() antes de chamar .transform(). Para etapas iniciais, utilize .fit_transform() para maior clareza.

Boas Práticas

- Sempre valide visualmente os resultados das transformações, utilizando gráficos ou histogramas para conferir eficácia.

- Crie pipelines para automatizar e garantir que pré-processamento seja consistentemente aplicado aos dados de treino, teste e produção.

- Registre sempre a sequência exata das transformações aplicadas, garantindo reprodutibilidade e transparência do processo.

- Utilize transformações robustas em dados sensíveis ou críticos, como RobustScaler em dados financeiros.

Grandes organizações, como instituições financeiras e empresas de e-commerce, aplicam rigorosamente técnicas de pré-processamento com Scikit-Learn para garantir previsões confiáveis e estáveis em cenários como análise de crédito, recomendações personalizadas e detecção de fraudes.

Resumo Estratégico

A qualidade dos dados é fundamental para obter modelos de Machine Learning robustos e eficientes. Ao aplicar as técnicas de pré-processamento disponibilizadas pelo Scikit-Learn, você garantirá maior precisão, clareza e eficácia na geração de modelos. Com essas práticas, você estará plenamente capacitado para transformar dados brutos em insights reais e decisões estratégicas, garantindo confiança e resultados superiores em todos os seus projetos de dados.

CAPÍTULO 6. FEATURE ENGINEERING COM SCIKIT-LEARN

A eficácia de modelos de Machine Learning está diretamente relacionada à qualidade das variáveis ou atributos utilizados em seu treinamento. Frequentemente, mesmo algoritmos sofisticados falham ao gerar resultados consistentes quando as características dos dados não foram corretamente definidas, selecionadas ou transformadas. Para solucionar esse problema, a engenharia de características (Feature Engineering) se torna uma etapa crucial em qualquer projeto de ciência de dados.

Feature Engineering é o processo de selecionar, criar e transformar as variáveis originais, melhorando diretamente a capacidade preditiva dos modelos. O Scikit-Learn fornece uma ampla gama de ferramentas que tornam essa etapa intuitiva, prática e eficiente, garantindo precisão, rapidez e clareza no processo de criação e seleção de atributos de qualidade.

Componentes, Templates e Metadados

A estrutura modular do Scikit-Learn permite criar e manipular features de maneira organizada e eficiente através de componentes padronizados. Nessa etapa, os componentes principais são os transformadores específicos para Feature Engineering. Eles seguem sempre uma mesma interface com métodos padrão, facilitando sua implementação e uso.

Transformadores fundamentais em Feature Engineering

Alguns dos transformadores essenciais do Scikit-Learn para engenharia de features incluem:

- PolynomialFeatures: gera novos atributos combinando variáveis existentes em diferentes graus.

- OneHotEncoder: transforma variáveis categóricas em numéricas, facilitando a interpretação pelos algoritmos.

- OrdinalEncoder: atribui valores numéricos sequenciais para categorias, preservando a ordem das informações.

- KBinsDiscretizer: converte variáveis contínuas em categorias discretas, simplificando a interpretação dos dados pelos modelos.

Cada componente usa métodos padrão como .fit(), .transform() e .fit_transform(), permitindo integração fácil em pipelines estruturados. A uniformidade garante maior produtividade e precisão técnica na criação e seleção de features.

Diretivas Estruturais e Atributos

Para garantir eficiência e clareza no uso dos componentes de Feature Engineering, o Scikit-Learn estabelece diretivas estruturais fundamentais que devem ser seguidas em cada etapa do processo:

- Todos os transformadores são objetos instanciados antes do uso.

- Cada transformador precisa primeiro ser ajustado aos dados com .fit(), para depois aplicar transformações com .transform().

- Utilize o método .fit_transform() para simplificar e agilizar processos quando for aplicável.

Modelo de diretivas estruturais utilizando o transformador PolynomialFeatures:
python

```python
from sklearn.preprocessing import PolynomialFeatures
import numpy as np

# Dados originais
X = np.array([[2, 3],
          [4, 5],
          [6, 7]])

# Criando atributos polinomiais (grau 2)
poly = PolynomialFeatures(degree=2, include_bias=False)

# Aprendendo e transformando os dados
X_poly = poly.fit_transform(X)

print(X_poly)
```

O transformador PolynomialFeatures cria novos atributos resultantes das interações entre variáveis existentes, permitindo que modelos consigam capturar relações mais complexas e refinadas entre os dados.

Introdução às Técnicas de Pré-

processamento com Scikit-Learn

No contexto da Feature Engineering, destacam-se especialmente técnicas avançadas para melhorar e enriquecer a base original de dados. Entre as principais estão criação automática de atributos, encoding de variáveis categóricas e técnicas avançadas de seleção automática de features.

Criação de Atributos Polinomiais (PolynomialFeatures)

A técnica de atributos polinomiais permite gerar novas variáveis ao combinar atributos existentes. Esta técnica é particularmente eficaz quando o relacionamento entre as variáveis e o resultado final não é linear, permitindo melhor desempenho do modelo.
Código explicando o uso de PolynomialFeatures:
python

```python
from sklearn.preprocessing import PolynomialFeatures
import numpy as np

# Dados originais (features)
X = np.array([[3], [5], [7]])

# Gerando novos atributos polinomiais (grau 2)
poly = PolynomialFeatures(degree=2, include_bias=False)
X_poly = poly.fit_transform(X)

print("Atributos originais:\n", X)
print("Novos atributos polinomiais:\n", X_poly)
```

O resultado são novos atributos derivados das variáveis originais, permitindo ao modelo capturar padrões complexos não evidentes na análise inicial dos dados.

Codificação de Variáveis Categóricas

O Scikit-Learn oferece dois transformadores essenciais para codificação de variáveis categóricas: OneHotEncoder e OrdinalEncoder.

- **OneHotEncoder** transforma categorias em vetores binários, ideais para dados nominais sem ordem específica.

- **OrdinalEncoder** atribui números inteiros a cada categoria mantendo ordem natural ou hierarquia, caso existam.

Modelo de aplicação com OneHotEncoder:
python

```python
from sklearn.preprocessing import OneHotEncoder
import numpy as np

# Variáveis categóricas originais
X_categorico = np.array([['Brasil'], ['Alemanha'], ['Brasil'], ['Argentina']])

# OneHotEncoder para codificar
encoder = OneHotEncoder(sparse=False)
X_codificado = encoder.fit_transform(X_categorico)

print(X_codificado)
```

Cada categoria transforma-se numa representação binária única. Esse processo permite que algoritmos de Machine Learning interpretem variáveis categóricas claramente, garantindo desempenho ideal em problemas complexos.

Seleção Automática de Features

Selecionar os atributos corretos também é crucial. Scikit-Learn oferece SelectKBest, um método eficiente para selecionar automaticamente as melhores features com base na relevância estatística para o alvo.

Exemplo do uso de SelectKBest:

python

```
from sklearn.feature_selection import SelectKBest, chi2
import numpy as np

# Dados originais
X = np.array([[10, 0, 5, 6],
              [8, 0, 6, 9],
              [3, 8, 2, 1],
              [4, 1, 3, 7]])

# Variável alvo
y = np.array([1, 0, 0, 1])

# Selecionando as duas melhores features
selector = SelectKBest(score_func=chi2, k=2)
X_selecionado = selector.fit_transform(X, y)

print(X_selecionado)
```

Aqui, as duas features com melhor correlação com a variável-alvo são escolhidas automaticamente, reduzindo a complexidade do modelo e aumentando a performance.

Resolução de Erros Comuns

Erro: ValueError com PolynomialFeatures
por dimensões inconsistentes

Solução: Confirme a forma correta dos dados usando .reshape(-1, 1) para vetores unidimensionais antes de usar o PolynomialFeatures.

python

```python
X = np.array([2, 4, 6]).reshape(-1, 1)
```

Erro: Categorical data não reconhecida pelo OneHotEncoder

Solução: Certifique-se sempre que as variáveis categóricas estejam no formato array bidimensional antes do encoder.

python

```python
X_categorico = np.array(['Brasil', 'Argentina']).reshape(-1,1)
```

Boas Práticas

- Utilize Pipeline para automatizar claramente cada etapa de Feature Engineering, garantindo reprodutibilidade e consistência.

- Avalie sempre o impacto da criação de novas features na performance geral dos modelos.

- Priorize técnicas simples e eficientes inicialmente, avançando para métodos mais complexos somente após análise criteriosa do impacto gerado nos resultados.

Organizações globais, especialmente empresas tecnológicas e instituições financeiras, utilizam rigorosamente essas técnicas para gerar modelos robustos e eficientes em áreas como previsão de demanda, classificação de risco de crédito e sistemas personalizados de recomendação.

Resumo Estratégico

Compreender Feature Engineering com o Scikit-Learn permite transformar dados comuns em informações relevantes e estratégicas, potencializando a precisão e eficácia dos modelos de Machine Learning. Aplicar consistentemente as técnicas detalhadas ao longo deste capítulo garantirá melhores decisões técnicas e resultados práticos excepcionais em qualquer projeto de ciência de dados.

CAPÍTULO 7. MODELOS DE REGRESSÃO

A regressão é uma das técnicas mais importantes e amplamente utilizadas em Machine Learning. Ela permite que profissionais façam previsões numéricas precisas, identificando relações e padrões nos dados que possam ser traduzidos em valores concretos. Desde projeções financeiras até estimativas em tempo real de demandas ou consumos, a regressão é fundamental para decisões assertivas e estratégicas.

Scikit-Learn oferece um conjunto robusto e variado de modelos para regressão, abrangendo desde métodos simples e fáceis de entender até algoritmos sofisticados que conseguem extrair padrões complexos dos dados.

Componentes, templates e metadados

Para entender adequadamente a aplicação prática dos modelos de regressão no Scikit-Learn, é necessário conhecer claramente sua estrutura modular e padronizada. Tais modelos, chamados de estimadores no Scikit-Learn, seguem sempre uma mesma estrutura consistente e previsível, facilitando a adoção e aumentando a eficiência operacional durante o desenvolvimento.

Todos os estimadores, inclusive os modelos de regressão, possuem métodos fundamentais:

- .fit(): treina o modelo com os dados de entrada;

- .predict(): gera as previsões após o treinamento;

- .score(): avalia rapidamente o desempenho com dados de teste.

Esta uniformidade permite que profissionais utilizem diferentes algoritmos sem dificuldades, mantendo um fluxo coerente em diversos contextos.

Diretivas estruturais e atributos

Modelos de regressão Scikit-Learn seguem um padrão específico de criação, ajuste e utilização. Todo modelo regressivo precisa ser instanciado antes de ser utilizado. Depois disso, você sempre precisa ajustá-lo aos dados através do método .fit() antes de fazer previsões com .predict().

Além disso, cada estimador possui atributos internos importantes após treinamento, como:

- .coef_: coeficientes do modelo, indicando a força e direção das variáveis.
- .intercept_: ponto onde a reta cruza o eixo vertical, no caso de modelos lineares.

Os atributos fornecem uma visão clara sobre a relação entre variáveis e permitem interpretar rapidamente o modelo.
python

```python
from sklearn.linear_model import LinearRegression
import numpy as np

X = np.array([[1], [2], [3], [4]])
```

```
y = np.array([3, 5, 7, 9])

modelo = LinearRegression()
modelo.fit(X, y)

# Coeficientes aprendidos pelo modelo
print("Coeficiente:", modelo.coef_)
print("Intercepto:", modelo.intercept_)
```

Aqui, LinearRegression() treina um modelo simples que relaciona duas variáveis diretamente. O coeficiente obtido (modelo.coef_) mostra o quanto a variável dependente varia em média, para cada unidade da variável independente.

Introdução aos modelos de regressão linear e não linear

A regressão divide-se essencialmente em dois grandes grupos: linear e não linear. Cada um possui características, vantagens e limitações próprias, sendo aplicáveis em diferentes contextos técnicos.

Regressão Linear Simples

A regressão linear simples prevê uma variável dependente usando apenas uma variável independente. A simplicidade é seu maior trunfo, pois permite rápida interpretação e aplicação direta.

python

```
from sklearn.linear_model import LinearRegression
import numpy as np
```

```
# Dados simplificados
X = np.array([[5], [7], [9], [11]])
y = np.array([12, 15, 18, 21])

# Criando e ajustando o modelo linear
modelo_linear = LinearRegression()
modelo_linear.fit(X, y)

# Realizando uma previsão para um novo valor
previsao = modelo_linear.predict([[13]])
print("Valor previsto:", previsao)
```

Neste caso, o modelo aprende uma relação direta entre X e y. Isso facilita previsões rápidas e assertivas, baseadas em relações lineares claras e simples.

Regressão Linear Múltipla

A regressão linear múltipla expande a regressão simples, utilizando mais variáveis independentes. Permite capturar relacionamentos simultâneos de várias características com o resultado esperado.
python

```
X = np.array([[1, 2], [2, 3], [3, 5], [4, 7]])
y = np.array([10, 13, 20, 25])

modelo_multi = LinearRegression()
modelo_multi = modelo_multi.fit(X, y)

print("Coeficientes:", modelo_multi.coef_)
print("Intercepto:", modelo_multi.intercept_)
```

As variáveis adicionais permitem maior precisão na previsão, identificando múltiplas influências simultaneamente.

Modelos de regressão não linear

Diversos problemas reais não podem ser adequadamente descritos por relações lineares. Scikit-Learn oferece algoritmos poderosos de regressão não linear, especialmente úteis para problemas complexos.
Exemplo detalhado com DecisionTreeRegressor (não-linear):
python

```python
from sklearn.tree import DecisionTreeRegressor

X = np.array([[1], [3], [5], [7]])
y = np.array([1, 9, 25, 49])

modelo_nao_linear = DecisionTreeRegressor()
modelo_nao_linear.fit(X, y)

previsao = modelo_nao_linear.predict([[5]])
print("Previsão para valor 5:", previsao)
```

Este modelo é capaz de aprender padrões não lineares nos dados, permitindo capturar relações complexas e não evidentes diretamente, garantindo previsões precisas em cenários mais complexos.

Random Forest e regressão avançada

Random Forest é um modelo baseado em múltiplas árvores de decisão, ideal para regressões robustas e mais complexas. É amplamente utilizado em situações em que dados contêm ruído

significativo ou padrões complexos não lineares.
python

```python
from sklearn.ensemble import RandomForestRegressor

X = [[10], [20], [30], [40], [50]]
y = [100, 200, 300, 400, 500]

modelo_rf = RandomForestRegressor(n_estimators=100)
modelo_rf.fit(X, y)

resultado = modelo_rf.predict([[25]])
print("Previsão com Random Forest:", resultado)
```

O método é robusto, adaptável e frequentemente produz resultados precisos mesmo em situações complexas e altamente ruidosas.

Resolução de Erros

Erro: "ValueError: Shapes not aligned"
Solução: Verifique cuidadosamente as dimensões das variáveis utilizando .shape. Garanta que o número de observações nas variáveis independentes e na variável dependente seja igual.

Erro: "NotFittedError: Estimator not fitted yet"
Solução: Sempre execute primeiro o método .fit() antes de fazer previsões com .predict().

Erro: "AttributeError: object has no attribute 'coef_'"
Solução: Sempre realize o treinamento do modelo antes de acessar atributos internos como .coef_ ou .intercept_.

Boas Práticas

- Use validação cruzada para avaliar rigorosamente o desempenho de modelos regressivos, confirmando estabilidade dos resultados.

- Avalie visualmente os resultados da regressão através de gráficos claros e intuitivos, facilitando interpretação rápida dos resultados.

- Prefira iniciar com modelos lineares simples, migrando para regressão não linear apenas em casos comprovadamente necessários.

- Documente claramente todas as etapas de transformação e regressão, permitindo revisões técnicas eficientes e futuras manutenções.

Aplicações reais incluem previsão de vendas, demanda por serviços, precificação dinâmica, análise financeira e outras situações críticas nas organizações modernas.

Empresas líderes utilizam modelos regressivos Scikit-Learn em decisões financeiras estratégicas, garantindo eficácia operacional e assertividade técnica em contextos altamente competitivos.

Resumo Estratégico

Com a compreensão clara sobre modelos de regressão, você terá ferramentas técnicas essenciais para transformar grandes volumes de dados em insights práticos, previsões robustas e decisões estratégicas eficazes. O conhecimento apresentado fornece toda a base técnica para garantir que você obtenha modelos precisos, interpretáveis e consistentes, criando valor real e impactante em todos os seus projetos profissionais de ciência de dados.

CAPÍTULO 8. MODELOS DE CLASSIFICAÇÃO

A classificação é um dos pilares do Machine Learning, permitindo a categorização eficiente de dados em diferentes classes. Aplicações de classificação incluem desde o reconhecimento de padrões visuais até a detecção de fraudes financeiras. No Scikit-Learn, os modelos de classificação oferecem soluções robustas para transformar grandes volumes de dados em previsões precisas e acionáveis.

Com uma interface padronizada e altamente modular, os classificadores no Scikit-Learn garantem facilidade de uso e integração com pipelines automatizados. Compreender suas características e funcionamento permite selecionar o modelo ideal para cada situação, garantindo eficiência e desempenho.

Componentes, Templates e Metadados

Os modelos de classificação no Scikit-Learn são construídos sobre três princípios fundamentais: consistência, modularidade e padronização. Cada classificador segue um fluxo lógico bem definido, garantindo previsibilidade e eficiência no desenvolvimento.

Todos os classificadores compartilham uma estrutura comum:

- .fit(X, y): ajusta o modelo aos dados fornecidos.

- .predict(X_novo): gera previsões com base no aprendizado.

- .score(X_teste, y_teste): avalia a precisão do modelo.

Além disso, cada modelo pode conter atributos específicos que armazenam informações importantes após o treinamento, como:

- .coef_: coeficientes internos do modelo para classificadores lineares.

- .feature_importances_: importância relativa de cada feature em modelos baseados em árvores de decisão.

Tal estrutura modular facilita a troca e experimentação entre diferentes classificadores, sem necessidade de grandes alterações no código.

Diretivas Estruturais e Atributos

A implementação de classificadores no Scikit-Learn segue regras estruturais bem definidas:

- Todo modelo precisa ser instanciado antes de ser treinado.

- O método .fit() deve ser sempre executado antes de .predict().

- A validação do modelo deve ser feita com métricas apropriadas, como acurácia, precisão e recall.

O Scikit-Learn fornece métricas específicas para avaliação de classificadores, como classification_report() e confusion_matrix(), essenciais para análise detalhada da performance.

Exemplo de instanciamento, treinamento e avaliação:

python

```python
from sklearn.model_selection import train_test_split
from sklearn.datasets import load_wine
from sklearn.ensemble import RandomForestClassifier
from sklearn.metrics import accuracy_score

# Carregando os dados
dados = load_wine()
X, y = dados.data, dados.target

# Divisão treino/teste
X_treino, X_teste, y_treino, y_teste = train_test_split(X, y,
test_size=0.2, random_state=42)

# Criando o classificador
modelo = RandomForestClassifier(n_estimators=100)

# Treinando o modelo
modelo.fit(X_treino, y_treino)

# Fazendo previsões
y_pred = modelo.predict(X_teste)

# Avaliação
acuracia = accuracy_score(y_teste, y_pred)
print(f"Acurácia do modelo: {acuracia:.2f}")
```

Introdução aos Principais Modelos de Classificação no Scikit-Learn

O Scikit-Learn fornece diversos algoritmos de classificação, cada um adequado para diferentes tipos de dados e cenários. Os modelos mais utilizados incluem:

Regressão Logística

Apesar do nome, a regressão logística é um modelo de classificação binária altamente eficaz. Seu princípio baseia-se na função sigmoide, que mapeia valores contínuos em probabilidades pertencentes a duas classes distintas.
python

```python
from sklearn.linear_model import LogisticRegression

modelo_log = LogisticRegression()
modelo_log.fit(X_treino, y_treino)

previsoes = modelo_log.predict(X_teste)
```

A regressão logística é ideal para problemas de classificação binária, como detecção de spam e análise de crédito.

Árvores de Decisão

As árvores de decisão segmentam os dados de forma hierárquica, criando regras de decisão baseadas em divisões sucessivas.
python

```python
from sklearn.tree import DecisionTreeClassifier

modelo_arvore = DecisionTreeClassifier(max_depth=3)
modelo_arvore.fit(X_treino, y_treino)
```

```
previsoes = modelo_arvore.predict(X_teste)
```

Árvores de decisão são fáceis de interpretar e úteis para problemas com regras de decisão claras.

Random Forest

O Random Forest melhora a estabilidade e a precisão das árvores de decisão ao combinar múltiplas árvores em um modelo mais robusto.
python

```
from sklearn.ensemble import RandomForestClassifier

modelo_rf = RandomForestClassifier(n_estimators=100)
modelo_rf.fit(X_treino, y_treino)

previsoes = modelo_rf.predict(X_teste)
```

Este modelo é amplamente utilizado em aplicações que exigem alto desempenho e estabilidade.

Support Vector Machines (SVM)

O SVM busca encontrar um hiperplano que melhor separa as classes, sendo altamente eficaz em problemas de classificação binária.
python

```
from sklearn.svm import SVC

modelo_svm = SVC(kernel='linear')
modelo_svm.fit(X_treino, y_treino)
```

```
previsoes = modelo_svm.predict(X_teste)
```

SVMs são eficientes em conjuntos de dados complexos e com poucas amostras.

K-Nearest Neighbors (KNN)

O KNN classifica amostras com base na proximidade em relação aos vizinhos mais próximos.
python

```
from sklearn.neighbors import KNeighborsClassifier

modelo_knn = KNeighborsClassifier(n_neighbors=5)
modelo_knn.fit(X_treino, y_treino)

previsoes = modelo_knn.predict(X_teste)
```

KNN é ideal para problemas onde não há uma relação clara entre as variáveis preditoras e a variável-alvo.

Resolução de Erros Comuns

Erro: "ValueError: Expected 2D array, got 1D array instead"
Solução: Garanta que X e y estejam no formato correto. Utilize .reshape(-1, 1) quando necessário.

Erro: "NotFittedError: Estimator not fitted yet"
Solução: Sempre execute .fit(X, y) antes de .predict(X_novo).

Erro: "ConvergenceWarning: lbfgs failed to converge"
Solução: Aumente o número de iterações com max_iter=500.

python

```
modelo_log = LogisticRegression(max_iter=500)
```

Boas Práticas

- **UTILIZE Validação Cruzada:**
  A técnica cross_val_score ajuda a avaliar a estabilidade do modelo em diferentes subconjuntos dos dados.

- **Escolha a Métrica Certa:**
  Para dados desbalanceados, utilize precision, recall e f1-score em vez de apenas accuracy.

- **Normalize os Dados:**
  Modelos como SVM e regressão logística se beneficiam do uso de StandardScaler() para normalização dos dados.

python

```
from sklearn.preprocessing import StandardScaler

scaler = StandardScaler()
X_treino_escalado = scaler.fit_transform(X_treino)
X_teste_escalado = scaler.transform(X_teste)
```

Empresas utilizam modelos de classificação em diversos contextos, como detecção de fraudes bancárias, análise de churn de clientes e recomendação de produtos personalizados.

Resumo Estratégico

Aplicar os modelos de classificação do Scikit-Learn permite

transformar grandes volumes de dados em previsões precisas e decisões estratégicas. Cada algoritmo possui características e vantagens distintas, e a escolha correta depende do tipo de dados e do problema a ser resolvido. Aplicar corretamente as técnicas de classificação garante maior precisão, confiabilidade e impacto real nos resultados obtidos.

CAPÍTULO 9. VALIDAÇÃO E AVALIAÇÃO DE MODELOS

A construção de modelos de Machine Learning não se limita apenas ao treinamento e à geração de previsões. Para garantir que um modelo tenha um bom desempenho e generalize corretamente para novos dados, é essencial validá-lo e avaliá-lo de maneira rigorosa. Modelos que não passam por um processo de validação adequado tendem a apresentar problemas como overfitting e underfitting, reduzindo sua eficácia quando aplicados a dados reais.

O Scikit-Learn oferece uma variedade de técnicas e métricas para avaliar modelos de forma objetiva e confiável. Dominar esses conceitos garante a seleção de modelos mais robustos e eficazes para diferentes cenários e aplicações.

Componentes, Templates e Metadados

Os métodos de validação e avaliação do Scikit-Learn seguem uma estrutura modular e bem definida. Eles podem ser agrupados em três categorias principais:

- **Validação cruzada:** Testa o modelo em diferentes subconjuntos dos dados para verificar sua estabilidade e evitar problemas como overfitting.

- **Métricas de avaliação:** Determinam a qualidade do modelo utilizando indicadores estatísticos específicos para cada tipo de problema.

- **Técnicas de ajuste e otimização:** Melhoram o desempenho do modelo ajustando hiperparâmetros e refinando os dados.

Cada uma dessas categorias possui métodos específicos que seguem um fluxo padronizado dentro da biblioteca. Esse design modular permite avaliar e comparar modelos de forma prática e eficiente.

Diretivas Estruturais e Atributos

Para avaliar corretamente um modelo no Scikit-Learn, algumas diretrizes devem ser seguidas:

- Divida os dados corretamente em conjuntos de treino e teste para evitar que o modelo memorize os dados de treinamento.

- Utilize a validação cruzada para garantir que os resultados obtidos sejam consistentes.

- Escolha a métrica de avaliação correta, levando em consideração o tipo do problema (classificação ou regressão).

- Evite otimizações prematuras sem validação estatística apropriada.

Os atributos internos de avaliação dos modelos incluem:

- .score(): Retorna a métrica padrão de avaliação para o modelo (acurácia para classificação, coeficiente de determinação para regressão).

- .best_params_: Retorna os melhores hiperparâmetros encontrados em uma busca otimizada.

- .cv_results_: Exibe os resultados detalhados de uma validação cruzada.

Exemplo de uso prático:
python

```python
from sklearn.model_selection import train_test_split
from sklearn.ensemble import RandomForestClassifier
from sklearn.datasets import load_wine

# Carregando os dados
dados = load_wine()
X, y = dados.data, dados.target

# Divisão treino/teste
X_treino, X_teste, y_treino, y_teste = train_test_split(X, y,
test_size=0.2, random_state=42)

# Criando e treinando o modelo
modelo = RandomForestClassifier(n_estimators=100)
modelo.fit(X_treino, y_treino)

# Avaliando o modelo
acuracia = modelo.score(X_teste, y_teste)
print(f"Acurácia do modelo: {acuracia:.2f}")
```

Introdução às Técnicas de Validação Cruzada e Avaliação de Performance

Validação Cruzada

A validação cruzada é um método essencial para medir a capacidade de generalização de um modelo. Em vez de dividir os dados em apenas um conjunto de treino e teste, a validação cruzada divide os dados em múltiplas partes e testa o modelo repetidamente em diferentes subdivisões.

K-Fold Cross Validation

O método mais comum é o K-Fold Cross Validation, que divide os dados em K partes (ou folds), treinando o modelo em K-1 partes e testando-o na parte restante. Esse processo é repetido várias vezes, garantindo uma avaliação mais robusta.

python

```
from sklearn.model_selection import cross_val_score
from sklearn.ensemble import RandomForestClassifier
from sklearn.datasets import load_wine

# Carregando os dados
dados = load_wine()
X, y = dados.data, dados.target

# Criando o modelo
modelo = RandomForestClassifier(n_estimators=100)

# Executando a validação cruzada com 5 folds
resultados = cross_val_score(modelo, X, y, cv=5)

# Exibindo os resultados médios
```

```
print(f"Média da acurácia: {resultados.mean():.2f}")
```

Tal método reduz a variação nos resultados e garante que o modelo não esteja apenas se beneficiando de uma divisão específica dos dados.

Métricas de Avaliação para Classificação e Regressão

A escolha da métrica de avaliação correta depende do tipo de problema resolvido.

Métricas para Classificação

Para problemas de classificação, algumas métricas essenciais incluem:

- **Acurácia:** Mede a proporção de previsões corretas em relação ao total de amostras.

- **Precisão e Recall:** Avaliam o desempenho do modelo em dados desbalanceados.

- **F1-Score:** Combina precisão e recall em uma única métrica equilibrada.

- **Matriz de Confusão:** Analisa os erros de classificação detalhadamente.

python

```
from sklearn.metrics import classification_report
from sklearn.ensemble import RandomForestClassifier
from sklearn.datasets import load_wine
```

```
from sklearn.model_selection import train_test_split

# Carregando e dividindo os dados
dados = load_wine()
X, y = dados.data, dados.target
X_treino, X_teste, y_treino, y_teste = train_test_split(X, y,
test_size=0.2, random_state=42)

# Treinando o modelo
modelo = RandomForestClassifier(n_estimators=100)
modelo.fit(X_treino, y_treino)

# Fazendo previsões
y_pred = modelo.predict(X_teste)

# Relatório de avaliação
print(classification_report(y_teste, y_pred))
```

Métricas para Regressão

Nos problemas de regressão, métricas como erro absoluto e quadrático são amplamente utilizadas:

- **R^2 (Coeficiente de Determinação):** Mede a proporção da variabilidade dos dados explicada pelo modelo.

- **Erro Absoluto Médio (MAE):** Mede o erro médio em unidades absolutas.

- **Erro Quadrático Médio (MSE):** Penaliza erros maiores mais severamente.

python

```
from sklearn.metrics import mean_absolute_error,
mean_squared_error, r2_score
from sklearn.linear_model import LinearRegression
from sklearn.datasets import load_diabetes
from sklearn.model_selection import train_test_split

# Carregando os dados
dados = load_diabetes()
X, y = dados.data, dados.target

# Divisão treino/teste
X_treino, X_teste, y_treino, y_teste = train_test_split(X, y,
test_size=0.2, random_state=42)

# Criando e treinando o modelo
modelo = LinearRegression()
modelo.fit(X_treino, y_treino)

# Fazendo previsões
y_pred = modelo.predict(X_teste)

# Avaliação
print(f"MAE: {mean_absolute_error(y_teste, y_pred):.2f}")
print(f"MSE: {mean_squared_error(y_teste, y_pred):.2f}")
print(f"R²: {r2_score(y_teste, y_pred):.2f}")
```

Resolução de Erros Comuns

Erro: "ValueError: X has 0 feature(s)"
Solução: Verifique o formato dos dados com .shape e utilize .reshape(-1, 1) quando necessário.

Erro: "UndefinedMetricWarning"
Solução: Use a opção zero_division=1 no classification_report para evitar esse problema.

Erro: "Overfitting no treinamento"
Solução: Use regularização ou reduza a complexidade do modelo.

Boas Práticas

- Sempre utilize validação cruzada para garantir avaliações estáveis e confiáveis.

- Escolha métricas adequadas para cada tipo de problema, evitando análises superficiais.

- Utilize técnicas de regularização para evitar modelos superajustados aos dados de treinamento.

Empresas líderes utilizam validação e métricas de performance para otimizar modelos de previsão de demanda, detecção de fraudes e classificação de clientes, garantindo confiabilidade e alta performance.

Resumo Estratégico

Compreender as técnicas de validação e avaliação de modelos garante previsões mais confiáveis e impactantes. Utilizar corretamente as métricas e métodos do Scikit-Learn proporciona maior precisão e estabilidade nos resultados, permitindo aplicações mais eficientes e seguras em cenários do mundo real.

CAPÍTULO 10. AJUSTE DE HIPERPARÂMETROS

Uma das etapas mais críticas no desenvolvimento de modelos eficientes de Machine Learning é o ajuste de hiperparâmetros. Os hiperparâmetros são valores externos ao modelo, definidos previamente, que influenciam diretamente a qualidade das previsões obtidas. Um ajuste inadequado pode causar desde resultados superficiais e imprecisos até um alto grau de sobreajuste, reduzindo a capacidade de generalização do modelo em novos dados.

Entender o ajuste de hiperparâmetros significa garantir que os modelos treinados sejam otimizados para máxima eficiência e performance. O Scikit-Learn oferece ferramentas específicas e estruturadas para simplificar esse processo crítico, permitindo ajustes finos e automáticos com precisão e facilidade.

Componentes, templates e metadados

No contexto do ajuste de hiperparâmetros, o Scikit-Learn utiliza componentes modulares altamente eficazes, que são facilmente compreendidos e aplicados, devido à consistência de sua estrutura interna. Cada um desses componentes é projetado especificamente para otimizar automaticamente os modelos.

Dois principais componentes utilizados são:

- **GridSearchCV**: Realiza uma busca sistemática por todas as combinações possíveis de hiperparâmetros.

- **RandomizedSearchCV**: Realiza uma busca aleatória, muito eficiente especialmente quando o número de combinações possíveis é grande.

Esses componentes são estimadores especiais que recebem outros estimadores como entrada, testando diferentes combinações dos parâmetros fornecidos e avaliando a qualidade dos modelos automaticamente, através de técnicas como validação cruzada.

Diretivas estruturais e atributos

Cada componente segue uma interface padronizada e fácil de compreender, garantindo sua aplicação rápida e consistente em qualquer contexto técnico:

- Método .fit(X, y): treina o estimador com as diferentes combinações dos hiperparâmetros.

- Atributo .best_params_: retorna a combinação ideal dos parâmetros testados.

- Método .predict() utiliza automaticamente o modelo ajustado com os melhores parâmetros encontrados.

- Atributo .cv_results_: apresenta resultados detalhados de cada combinação de hiperparâmetros testada.

Exemplo demonstrando a utilização dessas diretivas estruturais: python

```python
from sklearn.datasets import load_iris
from sklearn.svm import SVC
from sklearn.model_selection import GridSearchCV,
train_test_split

dados = load_iris()
X, y = dados.data, dados.target

X_treino, X_teste, y_treino, y_teste = train_test_split(X, y,
test_size=0.2, random_state=42)

# Definição do espaço de parâmetros
parametros = {'C': [0.1, 1, 10],
            'gamma': [1, 0.1, 0.01],
            'kernel': ['linear', 'rbf']}

# Estimador base
modelo_svc = SVC()

# Ajuste otimizado dos hiperparâmetros
from sklearn.model_selection import GridSearchCV
grid = GridSearchCV(modelo, parametros, cv=5)
modelo_otimizado = grid.fit(X_treino, y_treino)

# Exibição dos melhores parâmetros encontrados
print("Melhores parâmetros:", modelo.best_params_)
```

O GridSearchCV testa automaticamente todas as combinações de parâmetros informadas, retornando a melhor configuração disponível, garantindo precisão e otimização técnica.

Introdução ao ajuste otimizado de hiperparâmetros

O processo de ajuste de hiperparâmetros consiste basicamente em encontrar as configurações mais adequadas para cada estimador. A importância dessa etapa é crucial, pois a performance dos modelos é diretamente influenciada pelos valores escolhidos para esses parâmetros externos.

GridSearchCV: busca sistemática dos melhores parâmetros

O GridSearchCV realiza uma busca exaustiva em todos os parâmetros especificados, utilizando validação cruzada para identificar a configuração com a melhor performance.
Exemplo prático completo do uso do GridSearchCV:
python

```python
from sklearn.ensemble import RandomForestClassifier
from sklearn.model_selection import GridSearchCV,
train_test_split
from sklearn.datasets import load_wine

dados = load_wine()
X, y = dados.data, dados.target

# Separação em treino e teste
X_treino, X_teste, y_treino, y_teste = train_test_split(X, y,
test_size=0.25)

# Definindo parâmetros para teste
parametros = {'n_estimators': [10, 50, 100],
              'max_depth': [None, 10, 20],
              'min_samples_split': [2, 5, 10]}

# Instanciando modelo base
```

```python
modelo_rf = RandomForestClassifier()

# Ajuste com GridSearch
modelo_otimizado = GridSearchCV(modelo_rf, parametros,
cv=5)
modelo_otimizado = modelo_otimizado.fit(X_treino, y_treino)

# Resultados detalhados
print("Parâmetros otimizados:",
modelo_otimizado.best_params_)
print("Melhor pontuação CV:", modelo_otimizado.best_score_)
```

Essa abordagem permite encontrar rapidamente o melhor conjunto possível de parâmetros, garantindo eficácia técnica e máxima precisão.

RandomizedSearchCV para grandes volumes de dados

Para datasets grandes, utilizar uma busca aleatória através do RandomizedSearchCV pode economizar tempo considerável, mantendo uma boa performance.
python

```python
from sklearn.model_selection import RandomizedSearchCV

# Busca aleatória dos parâmetros
modelo_randomizado = RandomizedSearchCV(modelo_rf,
parametros, n_iter=10, cv=5)
modelo_otimizado = modelo_rf.fit(X_treino, y_treino)

print("Parâmetros escolhidos aleatoriamente com maior
desempenho:", modelo_otimizado.best_params_)
```

A busca aleatória é particularmente eficiente quando existem muitos parâmetros possíveis, permitindo resultados rápidos e eficientes.

Resolução de Erros Comuns

Erro: ValueError - Parâmetro inexistente no modelo

Solução recomendada: Verifique a documentação oficial do Scikit-Learn e confirme que todos os parâmetros especificados estão disponíveis no modelo escolhido.

Erro: Tempo excessivo ou processamento travado

Solução recomendada: Use o RandomizedSearchCV ou diminua as opções e parâmetros testados simultaneamente para obter resultados mais rápidos.

Erro: "UndefinedMetricWarning"

Solução recomendada: Utilize métricas alternativas, como F1-Score, Recall ou ROC-AUC, mais apropriadas para dados desbalanceados.

Boas Práticas

- Utilize sempre pipelines completos integrando pré-processamento e ajuste de parâmetros, garantindo automação e reprodutibilidade.

- Escolha métricas de avaliação compatíveis com o objetivo final do modelo, especialmente em problemas específicos como dados desbalanceados.

- Considere custo-benefício entre tempo computacional e

melhoria de performance ao selecionar métodos de ajuste.

Grandes organizações, como instituições financeiras e empresas tecnológicas líderes, aplicam ajustes rigorosos em hiperparâmetros para otimizar continuamente seus modelos, especialmente em áreas como análise de risco, recomendação personalizada e segurança digital.

Resumo Estratégico

Utilizar técnicas de ajuste otimizado de hiperparâmetros é fundamental para garantir modelos robustos, eficientes e capazes de generalizar corretamente para situações práticas. A aplicação das ferramentas detalhadas garante precisão técnica, produtividade e resultados consistentes, posicionando você para enfrentar qualquer desafio de Machine Learning com confiança e clareza técnica.

CAPÍTULO 11. MÉTODOS ENSEMBLE

Os métodos Ensemble são abordagens avançadas em Machine Learning que combinam múltiplos modelos simples, conhecidos como modelos base, para criar um modelo final mais robusto, estável e com alta precisão. A lógica dessa abordagem é que diferentes modelos apresentam diferentes pontos fortes e fracos; ao combiná-los, é possível reduzir o risco de erros individuais e aumentar significativamente a capacidade preditiva geral.

Scikit-Learn oferece várias implementações claras e padronizadas de técnicas Ensemble, tornando acessível o uso desses modelos em diferentes contextos. Duas técnicas muito populares e frequentemente utilizadas são Random Forest e Gradient Boosting. Cada uma dessas técnicas oferece características únicas, tornando-se adequadas para problemas específicos, cenários complexos ou grandes volumes de dados.

Componentes, templates e metadados

Os métodos Ensemble são formados por múltiplos estimadores combinados estrategicamente, gerando previsões com base na agregação dos resultados individuais desses modelos. Cada estimador utilizado em métodos ensemble segue a mesma interface padronizada do Scikit-Learn, possuindo obrigatoriamente os métodos .fit() e .predict().

No Scikit-Learn, os métodos ensemble são divididos em duas

categorias principais:

- Métodos de Bagging (como Random Forest);

- Métodos de Boosting (como Gradient Boosting e AdaBoost).

Bagging (Bootstrap Aggregating)

Bagging gera múltiplos modelos treinados com diferentes subconjuntos dos dados originais, obtidos por meio de amostragem com reposição. O resultado final é obtido pela agregação (geralmente votação majoritária ou média) das previsões dos modelos individuais.

Boosting (Adaptive Boosting)

Boosting constrói uma série sequencial de modelos, onde cada novo modelo procura corrigir os erros do modelo anterior. O objetivo é melhorar continuamente a performance, corrigindo erros específicos identificados nas etapas anteriores.

Random Forest

Random Forest é uma versão avançada de Bagging, aplicando múltiplas árvores de decisão treinadas em subconjuntos aleatórios dos dados e variáveis explicativas. Essa abordagem produz alta estabilidade e robustez para problemas complexos.
MOdelo que demonstra RandomForestClassifier:
python

```
from sklearn.ensemble import RandomForestClassifier
from sklearn.datasets import load_breast_cancer
from sklearn.model_selection import train_test_split
```

```
from sklearn.metrics import accuracy_score

dados = load_breast_cancer()
X, y = dados.data, dados.target

X_treino, X_teste, y_treino, y_teste = train_test_split(X, y,
test_size=0.2, random_state=42)

modelo_rf = RandomForestClassifier(n_estimators=100,
random_state=42)
modelo_rf.fit(X_treino, y_treino)

y_pred = modelo_rf.predict(X_teste)
acuracia = accuracy_score(y_teste, y_pred)
print("Acurácia do RandomForest:", acuracia)
```

Este código gera previsões precisas em problemas binários complexos, com uma abordagem rápida e eficaz.

Diretivas estruturais e atributos

Os métodos Ensemble compartilham diretivas estruturais específicas que precisam ser claramente compreendidas para aplicação correta e otimizada:

- Todo modelo ensemble deve ser instanciado antes do treinamento, escolhendo corretamente parâmetros essenciais como número de estimadores (n_estimators).

- A etapa .fit() sempre precede .predict().

- Os atributos internos relevantes, como .feature_importances_ em RandomForest, permitem entender quais variáveis são mais importantes no modelo final.

Introdução aos métodos Ensemble: Random Forest e Gradient Boosting

Random Forest

Random Forest é particularmente eficaz por reduzir a variância, evitando overfitting em comparação a árvores isoladas. Compostas por diversas árvores de decisão independentes, cada árvore utiliza um conjunto aleatório de variáveis e dados para treinamento.

Gradient Boosting

O Gradient Boosting, ao contrário do Random Forest, constrói modelos sequencialmente, cada um focado na correção dos erros cometidos pelo modelo anterior. Essa abordagem garante alta precisão, especialmente em grandes datasets.

Código prático para GradientBoostingClassifier:

python

```
from sklearn.ensemble import GradientBoostingClassifier

modelo_gb = GradientBoostingClassifier(n_estimators=100,
learning_rate=0.1, random_state=42)
modelo_gb.fit(X_treino, y_treino)

y_pred = modelo_gb.predict(X_teste)
acuracia = accuracy_score(y_teste, y_pred)
print("Acurácia Gradient Boosting:", acuracia)
```

Ambos os métodos oferecem resultados precisos, porém Gradient Boosting exige atenção maior para evitar overfitting.

Resolução de Erros Comuns

Erro: Alta Variância (Overfitting) em Random Forest
Solução:

- Reduza profundidade máxima (max_depth) ou aumente o número mínimo de amostras por folha (min_samples_leaf).

- Utilize validação cruzada com frequência.

Erro: Tempo excessivo para treinamento
Soluções:

- Reduza número de estimadores inicialmente, analisando custo-benefício.

- Use algoritmos otimizados como HistGradientBoostingClassifier, que possui desempenho mais rápido.

Erro: Overfitting evidente em Gradient Boosting
Soluções:

- Utilize validação cruzada rigorosa.

- Ajuste hiperparâmetros como max_depth, learning_rate, e reduza número de estimadores (n_estimators) para evitar complexidade excessiva.

Boas Práticas

- Ao utilizar ensemble, verifique com frequência a importância das features com .feature_importances_ para compreender melhor os modelos.

- Combine diferentes modelos ensemble (por exemplo Random Forest e Gradient Boosting) para capturar múltiplos tipos de relações nos dados.

- Sempre valide resultados com técnicas de validação cruzada, evitando que modelos complexos sofram de sobreajuste.

Aplicações reais desses métodos incluem:

- **Instituições financeiras** utilizam Random Forest para análises de risco e detecção de fraudes, garantindo precisão técnica e segurança.

- **Empresas de tecnologia** aplicam Gradient Boosting para sistemas avançados de recomendação e personalização de conteúdo, permitindo previsões rápidas e eficazes.

- **Setores de saúde** adotam modelos ensemble para diagnósticos precoces e precisos, baseados em grandes volumes de dados médicos.

Resumo Estratégico

Entender métodos Ensemble proporciona vantagens significativas em cenários complexos de Machine Learning. Ao utilizar componentes modulares do Scikit-Learn como Random Forest ou Gradient Boosting, você aumenta diretamente a robustez, estabilidade e precisão técnica dos modelos. A compreensão detalhada apresentada neste capítulo sobre construção, utilização, otimização e aplicação prática desses métodos garante máxima eficiência operacional e eficácia técnica em qualquer projeto de Machine Learning que você realizar.

CAPÍTULO 12. SUPPORT VECTOR MACHINES (SVM)

As Support Vector Machines (SVM) são algoritmos essenciais no contexto de Machine Learning, especialmente reconhecidos pela sua eficácia em problemas de classificação, embora também possam ser aplicados em tarefas de regressão. Destacam-se pela capacidade de identificar hiperplanos ideais para separação clara entre classes distintas, apresentando robustez significativa mesmo com bases de dados complexas e difíceis de classificar.

SVM apresenta vantagens técnicas claras, como robustez a ruídos, ótima capacidade de generalização e eficiência em alta dimensionalidade, fazendo com que sejam amplamente aplicadas em áreas críticas, como sistemas de recomendação, classificação de imagens médicas, detecção de fraudes financeiras e reconhecimento de texto.

Neste contexto, compreender profundamente os componentes estruturais, a aplicação prática e os principais atributos e métodos do modelo SVM no Scikit-Learn torna-se uma competência fundamental para cientistas e analistas de dados.

Componentes, Templates e Metadados

Em Scikit-Learn, as Support Vector Machines são implementadas através da classe padrão SVC para problemas de classificação, ou SVR para problemas de regressão. Estes modelos seguem a estrutura consistente e modular característica da biblioteca, que facilita sua utilização e integração com outras ferramentas e técnicas de Machine Learning.

A utilização prática do modelo SVM implica uma compreensão

clara dos métodos fundamentais da interface:

- .fit(X, y): método essencial que realiza o aprendizado a partir dos dados fornecidos.

- .predict(X_novo): utilizado após o aprendizado para realizar previsões em novos conjuntos de dados.

- .score(X_teste, y_teste): fornece uma métrica rápida e direta sobre a qualidade do modelo treinado.

A estrutura de métodos é comum a todos os modelos do Scikit-Learn, permitindo fácil integração com pipelines automatizados e consistência técnica nas operações de Machine Learning.

Diretivas Estruturais e Atributos

No Scikit-Learn, as SVMs seguem diretivas estruturais que asseguram padronização e clareza em sua implementação e uso. É necessário entender claramente cada atributo e diretiva estrutural dos classificadores SVM para aplicar com sucesso esses modelos.

Principais atributos estruturais de um modelo SVM treinado:

- support_vectors_: vetor com os pontos mais importantes que definem a fronteira de decisão, chamados vetores de suporte.

- coef_: pesos associados a cada característica das variáveis de entrada (válido para kernels lineares).

- intercept_: ponto onde o hiperplano corta o eixo, auxiliando na definição exata das decisões do modelo.

Implementação padrão utilizando a classe SVC com kernel linear:
python

```python
from sklearn.datasets import load_iris
from sklearn.model_selection import train_test_split
from sklearn.svm import SVC
from sklearn.metrics import accuracy_score

dados = load_iris()
X, y = dados.data, dados.target

# Dividindo os dados em treino e teste
X_treino, X_teste, y_treino, y_teste = train_test_split(X, y,
test_size=0.3)

# Modelo SVM com kernel linear
svm_model = SVC(kernel='linear', C=1.0)

# Treinando o modelo
svm_model.fit(X_treino, y_treino)

# Previsões com dados novos
y_pred = svm_model.predict(X_teste)

# Avaliação de performance
acuracia = accuracy_score(y_teste, y_pred)
print(f"Acurácia do SVM: {acuracia:.2f}")
```

No exemplo acima, o kernel linear foi selecionado para simplicidade e performance inicial clara. Outros tipos de kernel (rbf, poly, sigmoid) também são oferecidos pelo Scikit-Learn, permitindo ajustar o modelo a dados complexos com diferentes tipos de relações.

Introdução ao Uso das Máquinas de Vetores de Suporte

As máquinas de vetores de suporte operam com a definição precisa de um hiperplano ideal para separação entre classes. O hiperplano é posicionado de forma a maximizar a distância (margem) entre as diferentes classes nos dados.

Hiperplano e margens de decisão

Ao definir hiperplanos, as SVMs estabelecem margens claras que separam classes com máxima clareza possível. A qualidade de separação depende diretamente da correta configuração do kernel e dos parâmetros principais como C e gamma.

Tipos de Kernels e suas Aplicações

Scikit-Learn disponibiliza diferentes tipos de kernels que definem o comportamento e flexibilidade das SVMs. Os principais são:

- **Linear**: mais simples e ideal para dados linearmente separáveis.

- **Polinomial (poly)**: eficaz em situações em que dados possuem relações polinomiais.

- **RBF (Radial Basis Function)**: ideal para dados complexos e não lineares, sendo amplamente utilizado na prática.

- **Sigmoid**: utilizado principalmente em redes neurais e raramente aplicado em problemas convencionais de classificação.

Modelo com kernel RBF, altamente utilizado em situações complexas e não lineares:
python

```
svm_rbf = SVC(kernel='rbf', C=1.0, gamma='scale')
```

```
svm_rbf.fit(X_treino, y_treino)
previsoes = svm_rbf.predict(X_teste)
print("Acurácia com kernel RBF:", accuracy_score(y_teste,
previsoes))
```

Resolução de Erros Comuns

Erro: Modelo extremamente lento ou sem convergência aparente
Solução: Utilize StandardScaler para normalizar dados antes do treinamento:
python

```
from sklearn.preprocessing import StandardScaler
```

```
scaler = StandardScaler()
X_treino_escalado = scaler.fit_transform(X_treino)
X_teste_escalado = scaler.transform(X_teste)
```

```
modelo_svm.fit(X_treino_escalado, y_treino)
```

Erro: Previsões completamente incorretas
com kernel polinomial ou RBF
Solução: Teste primeiramente kernel linear para verificar performance inicial. Caso necessário, utilize GridSearchCV para encontrar automaticamente hiperparâmetros ideais.

Erro: "ValueError: C deve ser positivo"

Solução: Defina sempre C como um valor positivo superior a zero, ajustando com validação cruzada se necessário.

Boas Práticas

- Use sempre validação cruzada para avaliação robusta das SVMs, garantindo que o modelo não esteja sofrendo de overfitting ou underfitting.

- Avalie a aplicação inicial com kernel linear; se não houver boa separação, explore o kernel RBF, especialmente em dados complexos.

- Considere otimizar hiperparâmetros usando GridSearchCV ou RandomizedSearchCV, facilitando o ajuste detalhado e preciso dos modelos SVM.

Aplicações práticas das SVMs incluem:

- Detecção de spam em sistemas de e-mail.

- Classificação e reconhecimento de imagens médicas, como radiografias.

- Análise de texto e reconhecimento de voz em plataformas tecnológicas.

Resumo Estratégico

Compreender profundamente Support Vector Machines (SVM)

possibilita a criação de modelos eficientes, robustos e precisos para tarefas complexas de classificação. Aplicando adequadamente as diretivas estruturais, hiperparâmetros e validações, você garante modelos com alta performance e capazes de gerar resultados reais, impactantes e de grande valor em contextos técnicos, científicos e comerciais.

CAPÍTULO 13. REDES NEURAIS COM SCIKIT-LEARN (MLPCLASSIFIER)

Redes neurais são ferramentas poderosas e amplamente utilizadas em Machine Learning devido à sua capacidade de identificar padrões complexos em grandes volumes de dados. O Scikit-Learn oferece uma implementação clara e intuitiva de redes neurais simples, por meio do componente MLPClassifier (Multi-Layer Perceptron Classifier). Esta implementação permite criar e treinar modelos neurais com eficácia, rapidez e eficiência técnica.

O MLPClassifier é um modelo avançado que pode ser utilizado em diversas aplicações como classificação de imagens, previsão financeira, detecção de fraudes e análises preditivas. Entender a construção e o uso prático dessas redes garante maior eficiência e resultados consistentes em qualquer contexto profissional.

Componentes, templates e metadados

O Scikit-Learn fornece componentes bem definidos e modulares para criar e treinar redes neurais utilizando MLPClassifier. Este classificador implementa redes neurais com múltiplas camadas intermediárias (hidden layers), capazes de capturar relações não lineares complexas entre as variáveis.

Principais componentes e métodos fundamentais utilizados no MLPClassifier são:

- **fit(X, y)**: treina o modelo com os dados fornecidos, ajustando os pesos internos das camadas neurais.

- **predict(X)**: realiza previsões em novos conjuntos de dados após o treinamento.

- **score(X, y)**: avalia rapidamente a performance do modelo nos dados fornecidos, retornando a acurácia geral.

- **predict_proba(X)**: fornece as probabilidades de cada classe prevista pelo modelo.

A estrutura modular permite fácil integração com outras etapas dos processos de Machine Learning, tais como validação cruzada, seleção de features e pipelines automatizados, garantindo eficiência técnica em todo o processo.

Diretivas estruturais e atributos

O MLPClassifier utiliza atributos internos específicos, que são essenciais para compreender a estrutura do modelo treinado e otimizar suas operações:

- **coefs_**: pesos treinados para cada camada do modelo após o treinamento.

- **intercepts_**: valores de interceptação para cada neurônio, fundamentais para definir precisamente as funções de ativação.

- **n_iter_**: número total de iterações realizadas durante o treinamento.

- **loss_curve_**: curva de perda, utilizada para avaliar e

monitorar o desempenho e a convergência durante o treinamento.

Uma implementação prática:
python

```python
from sklearn.datasets import load_iris
from sklearn.neural_network import MLPClassifier
from sklearn.model_selection import train_test_split
from sklearn.metrics import accuracy_score

# Carregando dataset
dados = load_iris()
X, y = dados.data, dados.target

# Divisão dos dados
X_treino, X_teste, y_treino, y_teste = train_test_split(X, y,
test_size=0.2, random_state=42)

# Instanciando o classificador MLP
mlp = MLPClassifier(hidden_layer_sizes=(10, 10),
max_iter=1000, random_state=42)

# Treinamento
mlp.fit(X_treino, y_treino)

# Previsão
previsoes = mlp.predict(X_teste)

# Avaliação da acurácia
print("Acurácia da Rede Neural:", accuracy_score(y_teste,
previsoes))
```

Aqui, uma rede neural simples foi criada com duas camadas ocultas de 10 neurônios cada. O treinamento ocorre até um máximo de 1000 iterações, garantindo que o modelo tenha tempo suficiente para aprender corretamente.

Introdução à criação e treinamento de redes neurais simples

A criação de redes neurais simples começa com a definição clara de sua arquitetura interna, número de camadas e número de neurônios. Em geral, é aconselhável iniciar com estruturas simples e aumentar a complexidade gradualmente, avaliando cuidadosamente o desempenho.

Exemplo criando uma rede neural simples:

python

```
mlp_simples = MLPClassifier(hidden_layer_sizes=(5,),
activation='relu', solver='adam', max_iter=500)
mlp_simples.fit(X_treino, y_treino)
previsoes_simples = mlp_simples.predict(X_teste)
acuracia_simples = accuracy_score(y_teste, previsoes_simples)

print("Acurácia da rede simples:", acuracia_simples)
```

Funções de ativação comuns

O MLPClassifier permite definir diferentes funções de ativação que determinam o comportamento dos neurônios nas camadas intermediárias. As funções mais usadas são:

- **relu (Rectified Linear Unit)**: rápida convergência e amplamente recomendada como padrão inicial.

- **tanh (Tangente Hiperbólica)**: oferece resultados entre -1 e 1, adequada para redes menores.

- **logistic**: função sigmoide que limita valores entre 0 e 1, tradicional em problemas de classificação binária.

Alterar a função de ativação pode impactar diretamente o desempenho da rede neural, permitindo ajustes específicos conforme o contexto.

Resolução de Erros Comuns

Erro: ConvergenceWarning – Máxima iteração atingida sem convergência
Soluções:

- Aumente max_iter para valores superiores a 1000.
- Utilize normalização de dados para agilizar a convergência com StandardScaler.

python

```python
from sklearn.preprocessing import StandardScaler
scaler = StandardScaler()
X_treino_norm = scaler.fit_transform(X_treino)
X_teste_norm = scaler.transform(X_teste)

mlp = MLPClassifier(max_iter=1500)
mlp.fit(X_treino_norm, y_treino)
```

Erro: Poor accuracy devido à escala das features
Solução: Normalizar ou padronizar os dados utilizando StandardScaler ou MinMaxScaler para garantir que todas as variáveis estejam em escalas semelhantes.
python

```python
from sklearn.preprocessing import MinMaxScaler
scaler = MinMaxScaler()
```

```
X_treino = scaler.fit_transform(X_treino)
X_teste = scaler.transform(X_teste)
```

Erro: Overfitting evidente (Alta acurácia treino e baixa teste)
Soluções:
- Reduza o número de neurônios ou camadas ocultas para simplificar a rede.
- Utilize técnicas de regularização, como alpha no MLPClassifier:

python

```
mlp_regularizado = MLPClassifier(hidden_layer_sizes=(10,), alpha=0.01)
```

Boas Práticas

- **Sempre normalizar os dados** antes de treinar redes neurais.

- **Monitorar a curva de perda** (loss_curve_) regularmente para detectar problemas durante o treinamento.

- **Validação cruzada frequente** para verificar a estabilidade e a generalização da rede.

- Utilize técnicas de **early stopping** para encerrar o treinamento automaticamente assim que não houver mais ganhos de performance.

Aplicações práticas reais:
- Bancos e instituições financeiras aplicam redes neurais simples para previsão de risco de crédito.

- Hospitais utilizam MLPClassifier para auxiliar diagnósticos rápidos e confiáveis baseados em exames clínicos.

- Plataformas tecnológicas usam redes neurais para recomendação personalizada de conteúdos e produtos.

Resumo Estratégico

A utilização e o treinamento de redes neurais simples com Scikit-Learn (MLPClassifier) oferece possibilidades práticas imediatas, proporcionando modelos poderosos e precisos. Utilizando adequadamente os conceitos detalhados, você estará apto a gerar soluções práticas, eficazes e tecnicamente robustas em uma ampla gama de aplicações críticas, criando um diferencial técnico significativo em suas soluções de Machine Learning.

CAPÍTULO 14. ALGORITMOS DE CLUSTERIZAÇÃO (CLUSTERING)

A clusterização, ou agrupamento, é uma técnica de Machine Learning não supervisionado que identifica padrões ocultos nos dados, agrupando instâncias semelhantes com base em suas características. Diferente da classificação, em que os rótulos das classes são conhecidos, na clusterização os algoritmos analisam os dados sem supervisão prévia, descobrindo padrões de forma autônoma. Essa abordagem é amplamente utilizada em segmentação de clientes, detecção de anomalias, agrupamento de documentos e bioinformática.

O Scikit-Learn oferece diversas implementações eficientes de algoritmos de clusterização, permitindo que cientistas de dados e engenheiros apliquem essas técnicas de forma rápida e escalável.

Componentes, templates e metadados

Os algoritmos de clusterização no Scikit-Learn seguem uma estrutura modular consistente. Cada algoritmo implementa métodos fundamentais para ajuste e predição:

- **fit(X)**: analisa os dados e encontra padrões de agrupamento.

- **predict(X_novo)**: atribui novos pontos a clusters já

identificados (nem todos os modelos suportam essa funcionalidade).

- **fit_predict(X)**: ajusta o modelo e retorna diretamente os rótulos dos clusters atribuídos a cada amostra.

Além disso, cada algoritmo possui atributos específicos:

- **labels_**: rótulos atribuídos a cada ponto após o treinamento.

- **cluster_centers_**: coordenadas dos centros dos clusters, quando aplicável.

- **inertia_**: medida da coesão dos clusters, útil para otimização.

A clusterização é utilizada para diversas aplicações práticas, como segmentação de clientes no varejo e descoberta de padrões em conjuntos de dados de grande escala.

Diretivas estruturais e atributos

Os principais algoritmos de clusterização disponíveis no Scikit-Learn são:

- **K-Means**: popular e eficiente, particiona os dados em um número pré-definido de grupos.

- **DBSCAN**: detecta clusters de diferentes densidades e lida bem com outliers.

- **Agglomerative Clustering**: abordagem hierárquica para

encontrar agrupamentos naturais nos dados.

- **Mean Shift**: detecta clusters com base na densidade dos dados, sem necessidade de definir um número fixo de grupos.

Cada um desses algoritmos possui características específicas que devem ser consideradas ao escolher a melhor abordagem para um problema específico.

Exemplo de clusterização utilizando K-Means:

python

```
from sklearn.cluster import KMeans
from sklearn.datasets import make_blobs

# Gerando dados fictícios
X, _ = make_blobs(n_samples=300, centers=4, cluster_std=0.6,
random_state=42)

# Criando e treinando o modelo K-Means
modelo_kmeans = KMeans(n_clusters=4, random_state=42)
modelo_kmeans.fit(X)

# Visualizando os rótulos dos clusters
print("Rótulos atribuídos:", modelo_kmeans.labels_)
print("Centros dos clusters:", modelo_kmeans.cluster_centers_)
```

Neste caso, o K-Means particiona os dados em 4 clusters, atribuindo um rótulo para cada amostra com base na proximidade aos centros calculados.

Introdução à clusterização e seus principais algoritmos K-Means

O K-Means é um dos algoritmos mais utilizados devido à sua simplicidade e eficiência. Ele funciona iterativamente, atribuindo cada ponto ao centroide mais próximo e recalculando os centros até alcançar estabilidade.
python

```
from sklearn.cluster import KMeans
from sklearn.datasets import make_blobs

# Criando dados simulados
X, _ = make_blobs(n_samples=500, centers=3, cluster_std=1.0,
random_state=42)

# Aplicando K-Means com 3 clusters
modelo = KMeans(n_clusters=3, random_state=42)
modelo.fit(X)

# Atribuindo rótulos aos dados
rotulos = modelo.predict(X)
print("Rótulos dos clusters:", rotulos)
```

O K-Means é amplamente utilizado em segmentação de clientes, organização de documentos e reconhecimento de padrões.

DBSCAN

O DBSCAN (Density-Based Spatial Clustering of Applications with Noise) é um algoritmo baseado na densidade que detecta clusters com diferentes formatos e pode identificar outliers.
python

```
from sklearn.cluster import DBSCAN
```

```
# Criando e treinando o modelo DBSCAN
modelo_dbscan = DBSCAN(eps=0.5, min_samples=5)
modelo_dbscan.fit(X)

# Visualizando os rótulos atribuídos
print("Rótulos dos clusters:", modelo_dbscan.labels_)
```

O DBSCAN é útil em cenários onde os dados possuem clusters de tamanhos variáveis e não há necessidade de especificar o número exato de grupos.

Agglomerative Clustering

Este método hierárquico agrupa pontos de forma progressiva, unindo os mais próximos em clusters maiores até alcançar uma estrutura completa.
python

```
from sklearn.cluster import AgglomerativeClustering

# Criando o modelo de clusterização hierárquica
modelo_agglomerative =
AgglomerativeClustering(n_clusters=3)
modelo_agglomerative.fit(X)

# Obtendo os rótulos
print("Rótulos dos clusters:", modelo_agglomerative.labels_)
```

A clusterização hierárquica é frequentemente usada em bioinformática e análise de redes sociais.

Resolução de Erros Comuns

Erro: "ValueError: Number of clusters should be > 0"
Solução: Certifique-se de definir n_clusters com um número positivo e adequado para os dados.

Erro: K-Means não converge
Solução: Aumente max_iter para permitir mais iterações de ajuste.
python

```python
modelo = KMeans(n_clusters=3, max_iter=500)
```

Erro: DBSCAN classifica todos os pontos como ruído (-1)
Solução: Reduza eps ou diminua min_samples para melhorar a detecção de clusters.
python

```python
modelo_dbscan = DBSCAN(eps=0.3, min_samples=3)
```

Boas Práticas

- Utilize métricas de avaliação como o coeficiente de Silhueta (silhouette_score) para medir a qualidade da clusterização.

- Escolha o algoritmo correto com base na distribuição e características dos dados.

- Normalize os dados antes da clusterização para evitar que variáveis com escalas diferentes afetem os resultados.

Aplicações práticas incluem:
- **Segmentação de clientes** para campanhas de marketing

personalizadas.

- **Detecção de anomalias** em sistemas financeiros para identificação de fraudes.

- **Agrupamento de documentos** para otimização de buscas em grandes bases de dados.

Resumo Estratégico

A clusterização é uma ferramenta poderosa para encontrar padrões ocultos nos dados e pode ser aplicada a diversas áreas do conhecimento. Cada algoritmo possui vantagens e desafios, e a escolha correta depende do tipo de dados e do problema a ser resolvido. A aplicação dessas técnicas permite criar soluções inteligentes e eficientes, tornando-se um diferencial estratégico na modelagem de dados complexos.

CAPÍTULO 15. REDUÇÃO DE DIMENSIONALIDADE

A redução de dimensionalidade é uma técnica fundamental em Machine Learning e análise de dados, permitindo otimizar a representação das informações ao remover variáveis redundantes ou pouco relevantes. Essa metodologia melhora a eficiência computacional, reduz o risco de overfitting e facilita a interpretação dos dados, especialmente em conjuntos de dados com muitas variáveis.

O Scikit-Learn oferece métodos robustos para redução de dimensionalidade, incluindo Principal Component Analysis (PCA) e t-Distributed Stochastic Neighbor Embedding (t-SNE). O primeiro é amplamente utilizado para compressão de dados e melhoria de modelos preditivos, enquanto o segundo é ideal para visualizações exploratórias e detecção de padrões complexos.

Componentes, templates e metadados

Os métodos de redução de dimensionalidade no Scikit-Learn seguem um fluxo bem definido. Cada técnica possui componentes específicos que determinam a maneira como os dados serão transformados e representados.

Os métodos principais incluem:

- **PCA (Principal Component Analysis)**: transforma os dados em um novo espaço onde as variáveis são projetadas para maximizar a variância, preservando a maior quantidade de informação possível.

- **t-SNE (t-Distributed Stochastic Neighbor Embedding):** reduz a dimensionalidade focando na preservação da estrutura local dos dados, sendo altamente eficaz para visualizações em duas ou três dimensões.

Cada um desses métodos segue a estrutura modular do Scikit-Learn e apresenta métodos fundamentais:

- .fit(X): ajusta o modelo à estrutura dos dados.

- .transform(X): aplica a transformação e reduz a dimensionalidade.

- .fit_transform(X): realiza ambos os processos simultaneamente.

Os métodos garantem uma aplicação flexível e eficiente para otimização de modelos e exploração de dados de alta dimensão.

Diretivas estruturais e atributos

Cada técnica de redução de dimensionalidade possui diretrizes estruturais específicas, garantindo que os dados sejam manipulados corretamente antes de serem transformados. Principais atributos dos modelos:

- **PCA**

  - explained_variance_ratio_: indica a quantidade de variância explicada por cada componente principal.

- components_: matriz que define os novos eixos do espaço transformado.
- n_components_: número de componentes utilizados para a projeção.

- **t-SNE**

  - n_components: define a nova dimensionalidade dos dados reduzidos.
  - perplexity: controla a forma como as relações entre os pontos são preservadas.
  - learning_rate: ajusta a convergência do modelo.

Modelo prático para aplicação de PCA:

python

```python
from sklearn.decomposition import PCA
from sklearn.datasets import load_digits
import matplotlib.pyplot as plt

# Carregando os dados
dados = load_digits()
X = dados.data

# Aplicando PCA para redução para 2 componentes principais
pca = PCA(n_components=2)
X_reduzido = pca.fit_transform(X)

# Visualizando os componentes
plt.scatter(X_reduzido[:, 0], X_reduzido[:, 1], c=dados.target,
cmap='viridis')
plt.colorbar()
plt.title("Visualização de Dados com PCA")
plt.show()
```

Nesse código, os dados são reduzidos para duas dimensões, facilitando a visualização e análise exploratória.

Introdução à redução de dimensionalidade com PCA e t-SNE

A redução de dimensionalidade é essencial quando o número de variáveis de um dataset é muito grande, dificultando a análise e a modelagem eficiente. Dois métodos amplamente utilizados no Scikit-Learn são PCA e t-SNE.

PCA (Principal Component Analysis)

O PCA reduz a dimensionalidade ao projetar os dados em um novo espaço onde a variância das informações é maximizada. Ele é útil para melhorar a eficiência de modelos preditivos e eliminar redundâncias.

Exemplo para redução de dimensionalidade com PCA:

python

```python
from sklearn.decomposition import PCA
from sklearn.datasets import load_iris

# Carregando os dados
dados = load_iris()
X = dados.data

# Aplicando PCA
pca = PCA(n_components=2)
X_pca = pca.fit_transform(X)

print("Variância explicada:", pca.explained_variance_ratio_)
```

Esse método mantém a maior parte da informação presente nos dados originais, garantindo eficiência e simplificação na modelagem.

t-SNE (t-Distributed Stochastic Neighbor Embedding)

O t-SNE é uma técnica não linear que reduz a dimensionalidade enfatizando a preservação das relações locais entre os pontos, sendo útil para visualizações detalhadas.

python

```python
from sklearn.manifold import TSNE

# Aplicando t-SNE
tsne = TSNE(n_components=2, perplexity=30,
learning_rate=200, random_state=42)
X_tsne = tsne.fit_transform(X)

# Visualizando os clusters
plt.scatter(X_tsne[:, 0], X_tsne[:, 1], c=dados.target,
cmap='viridis')
plt.colorbar()
plt.title("Visualização com t-SNE")
plt.show()
```

O t-SNE é altamente recomendado para explorar e visualizar dados de alta dimensionalidade, especialmente em problemas de classificação.

Resolução de Erros Comuns

Erro: "ValueError: n_components must be between 0 and min(n_samples, n_features)"

Solução: Defina um número adequado de componentes, respeitando a dimensionalidade dos dados:
python

```python
pca = PCA(n_components=3)
```

Erro: t-SNE muito lento em grandes volumes de dados
Solução: Utilize PCA antes do t-SNE para reduzir a dimensionalidade inicial e acelerar a execução.
python

```python
X_pca = PCA(n_components=50).fit_transform(X)
X_tsne = TSNE(n_components=2).fit_transform(X_pca)
```

Erro: Interpretação incorreta da variância explicada no PCA

Solução: Avalie a variância explicada antes de definir n_components:
python

```python
pca = PCA().fit(X)
print("Variância explicada acumulada:", pca.explained_variance_ratio_.cumsum())
```

Essa abordagem permite determinar o número ideal de componentes para garantir a retenção máxima de informação.

Boas Práticas

- **Sempre normalize os dados** antes de aplicar PCA para evitar que variáveis em escalas diferentes afetem a redução.

- **Use PCA para remover redundâncias** antes de

treinar modelos preditivos, otimizando a eficiência do aprendizado.

- **Utilize t-SNE apenas para visualizações** e não para pré-processamento antes de modelos de Machine Learning.

Aplicações reais dessas técnicas incluem:

- **Análise de imagens e reconhecimento de padrões**, reduzindo a dimensionalidade de imagens para facilitar classificações.

- **Segmentação de clientes**, agrupando consumidores com base em características reduzidas a componentes principais.

- **Redução de variáveis em sensores IoT**, permitindo análises rápidas e eficientes de séries temporais com grande volume de informações.

Resumo Estratégico

A redução de dimensionalidade desempenha um papel essencial na otimização de modelos de Machine Learning e na visualização de dados complexos. O PCA e o t-SNE são ferramentas poderosas que garantem maior eficiência, melhor interpretação dos dados e otimização da modelagem. Com a utilização técnica dessas técnicas, é possível transformar grandes volumes de dados em representações mais simples e eficazes, elevando a qualidade da análise e melhorando significativamente os resultados preditivos.

CAPÍTULO 16. DETECÇÃO DE ANOMALIAS

A detecção de anomalias é uma técnica essencial em Machine Learning para identificar padrões que desviam do comportamento normal de um conjunto de dados. Essas anomalias podem indicar fraudes financeiras, falhas em sistemas, ataques cibernéticos ou qualquer outro evento incomum que requeira atenção. Diferente da classificação tradicional, onde há rótulos bem definidos, a detecção de anomalias opera frequentemente com dados não rotulados, utilizando abordagens não supervisionadas para identificar padrões inesperados.

O Scikit-Learn oferece ferramentas para detecção de anomalias, incluindo Isolation Forest, Local Outlier Factor (LOF) e One-Class SVM. Cada método possui vantagens específicas dependendo do contexto da análise.

Componentes, templates e metadados

Os algoritmos de detecção de anomalias do Scikit-Learn seguem a estrutura modular tradicional da biblioteca. Cada modelo implementa métodos fundamentais que permitem ajustar, prever e interpretar os resultados da análise de anomalias.

Os principais métodos incluem:

- **Isolation Forest**: Algoritmo baseado em árvores de decisão que separa anomalias mais rapidamente do que métodos convencionais.

- **Local Outlier Factor (LOF)**: Mede a densidade dos pontos e detecta aqueles que estão isolados em relação ao restante do conjunto de dados.

- **One-Class SVM**: Modelo baseado em Support Vector Machines (SVM) que aprende uma fronteira de decisão para distinguir padrões normais de anomalias.

Esses algoritmos seguem a interface padrão do Scikit-Learn:

- .fit(X): ajusta o modelo aos dados fornecidos.

- .predict(X): classifica os pontos como normais ou anômalos (-1 indica anomalia).

- .decision_function(X): retorna a pontuação de anomalia de cada ponto.

Exemplo básico de detecção de anomalias com Isolation Forest: python

```
from sklearn.ensemble import IsolationForest
import numpy as np

# Criando dados simulados
X = np.random.randn(100, 2)

# Inserindo anomalias manuais
X[95:] = X[95:] + 5

# Criando e treinando o modelo Isolation Forest
```

```
modelo = IsolationForest(contamination=0.05,
random_state=42)
modelo.fit(X)

# Prevendo anomalias
y_pred = modelo.predict(X)

# Exibindo a quantidade de anomalias detectadas
print("Total de anomalias detectadas:", sum(y_pred == -1))
```

Neste código, o Isolation Forest identifica anomalias em um conjunto de dados simulados, detectando pontos que fogem da distribuição esperada.

Diretivas estruturais e atributos

Cada método de detecção de anomalias possui atributos importantes que auxiliam na interpretação e otimização dos modelos.

Principais atributos dos modelos:

- **Isolation Forest**
  - estimators_: árvores de decisão individuais utilizadas na detecção.
  - threshold_: valor limite utilizado para determinar se um ponto é uma anomalia.

- **Local Outlier Factor (LOF)**
  - negative_outlier_factor_: indica o grau de anomalia de cada ponto, sendo valores negativos menores associados a maior probabilidade de ser anômalo.

- **One-Class SVM**

- ○ support_vectors_: vetores de suporte usados para definir a fronteira de decisão.

Modelo para análise de anomalias com LOF:
python

```python
from sklearn.neighbors import LocalOutlierFactor

# Criando modelo LOF
modelo_lof = LocalOutlierFactor(n_neighbors=20,
contamination=0.05)

# Ajustando e prevendo anomalias
y_lof = modelo_lof.fit_predict(X)

# Contagem de anomalias detectadas
print("Total de anomalias detectadas pelo LOF:", sum(y_lof ==
-1))
```

A métrica negative_outlier_factor_ pode ser utilizada para interpretar a intensidade das anomalias detectadas.

Introdução à detecção de anomalias com Isolation Forest e outros métodos

A detecção de anomalias é fundamental em muitos setores, pois permite identificar padrões suspeitos ou falhas antes que causem impactos significativos. No Scikit-Learn, diferentes algoritmos atendem a necessidades específicas:

Isolation Forest
O Isolation Forest isola pontos de dados aleatoriamente em árvores de decisão e mede quantas divisões são necessárias para isolá-los. Pontos que exigem menos divisões são mais propensos

a serem anomalias.

Utilizando Isolation Forest:

python

```python
from sklearn.ensemble import IsolationForest
import numpy as np

# Gerando dados normais
X = np.random.normal(0, 1, (100, 2))

# Adicionando anomalias
X_anomalia = np.random.normal(5, 1, (5, 2))
X = np.vstack([X, X_anomalia])

# Treinando modelo
modelo = IsolationForest(contamination=0.05)
modelo.fit(X)

# Identificando anomalias
y_pred = modelo.predict(X)
print("Anomalias detectadas:", sum(y_pred == -1))
```

Local Outlier Factor (LOF)

O LOF compara a densidade de um ponto em relação à densidade dos seus vizinhos. Valores muito diferentes indicam possíveis anomalias.

Modelo de código para LOF:

python

```python
from sklearn.neighbors import LocalOutlierFactor

modelo_lof = LocalOutlierFactor(n_neighbors=20,
contamination=0.05)
```

```python
y_lof = modelo_lof.fit_predict(X)

print("Anomalias detectadas pelo LOF:", sum(y_lof == -1))
```

One-Class SVM

O One-Class SVM modela uma superfície de decisão para separar instâncias normais das anômalas. Funciona bem em situações onde há poucos exemplos de anomalias disponíveis.
python

```python
from sklearn.svm import OneClassSVM

modelo_svm = OneClassSVM(nu=0.05, kernel="rbf")
modelo_svm.fit(X)

y_svm = modelo_svm.predict(X)
print("Anomalias detectadas pelo One-Class SVM:", sum(y_svm == -1))
```

Resolução de Erros Comuns

Erro: "ValueError: Contamination must be between 0 and 0.5"
Solução: Definir um valor entre 0 e 0.5, representando a proporção esperada de anomalias no conjunto de dados.
python

```python
modelo = IsolationForest(contamination=0.1)
```

Erro: Anomalias não detectadas corretamente
Solução: Alterar n_neighbors no LOF, contamination no Isolation Forest ou nu no One-Class SVM para melhorar a sensibilidade.
python

```
modelo_lof = LocalOutlierFactor(n_neighbors=10,
contamination=0.02)
```

Erro: Tempo excessivo no treinamento
Solução: Utilizar amostragem aleatória para reduzir o tamanho do dataset antes do treinamento.
python

```
X_sample = X[np.random.choice(X.shape[0], 500,
replace=False)]
```

Boas Práticas

- **Combine diferentes métodos** para validar a detecção de anomalias.

- **Ajuste os hiperparâmetros** de acordo com a distribuição dos dados para evitar falsos positivos.

- **Utilize gráficos de dispersão** para visualizar anomalias em problemas bidimensionais.

- **Avalie a taxa de falsos positivos** antes de implantar um modelo de detecção de anomalias em produção.

Aplicações reais incluem:

- **Detecção de fraudes financeiras** para transações suspeitas em cartões de crédito.

- **Monitoramento de redes e segurança cibernética**, identificando acessos e atividades anormais.

- **Manutenção preditiva em fábricas**, prevenindo falhas em equipamentos através da análise de sensores.

Resumo Estratégico

A detecção de anomalias desempenha um papel fundamental em diversas áreas, prevenindo riscos e otimizando processos. O Scikit-Learn fornece ferramentas eficientes como Isolation Forest, LOF e One-Class SVM, permitindo análises detalhadas e confiáveis. Utilizando corretamente essas técnicas, é possível identificar padrões incomuns de forma proativa, garantindo segurança, eficiência e melhor tomada de decisões em cenários reais.

CAPÍTULO 17. PIPELINES AUTOMATIZADOS

A automação de fluxos de trabalho em Machine Learning é essencial para garantir eficiência, reprodutibilidade e escalabilidade em projetos de ciência de dados. No Scikit-Learn, os pipelines automatizados desempenham um papel crucial ao organizar o pré-processamento de dados, a engenharia de features e o treinamento de modelos em um único fluxo de execução. Assim, elimina-se a necessidade de reescrever etapas repetitivas, reduz erros e melhora a padronização.

A criação de pipelines no Scikit-Learn permite que todas as transformações de dados e a modelagem sejam organizadas dentro de uma estrutura modular e reutilizável. Essa funcionalidade é essencial tanto para a construção de modelos simples quanto para sistemas complexos em produção.

Componentes, templates e metadados

O Pipeline do Scikit-Learn segue uma estrutura padronizada, composta por uma sequência de passos, onde cada um representa uma transformação específica nos dados. Esses passos podem incluir:

- **Pré-processamento de dados**: Normalização, padronização, tratamento de valores ausentes.

- **Engenharia de features**: Seleção e extração de atributos, codificação categórica.

- **Treinamento do modelo**: Aplicação do algoritmo de Machine Learning escolhido.

- **Otimização de hiperparâmetros**: Busca automática pelos melhores parâmetros do modelo.

Ele é estruturado utilizando a classe Pipeline, que encapsula todas as etapas do fluxo de trabalho. Cada etapa recebe um nome identificador e uma transformação correspondente.

Modelo de Estrutura Geral de um Pipeline no Scikit-Learn
python

```python
from sklearn.pipeline import Pipeline
from sklearn.preprocessing import StandardScaler
from sklearn.ensemble import RandomForestClassifier

# Definição do pipeline
pipeline = Pipeline([
    ('normalizacao', StandardScaler()), # Etapa de pré-processamento
    ('modelo', RandomForestClassifier(n_estimators=100, random_state=42)) # Modelo de Machine Learning
])

# Aplicação do pipeline a um conjunto de dados
pipeline.fit(X_treino, y_treino)
previsoes = pipeline.predict(X_teste)
```

Desta maneira, assegura-se que todas as etapas sejam aplicadas corretamente em qualquer novo conjunto de dados, garantindo consistência e minimizando erros humanos.

Diretivas estruturais e atributos

Os pipelines do Scikit-Learn seguem uma estrutura clara, garantindo modularidade e organização. Seus principais atributos incluem:

- steps: Lista de etapas do pipeline.

- named_steps: Dicionário com os nomes das etapas, facilitando acesso individualizado.

- fit(X, y): Ajusta todas as transformações e o modelo final aos dados.

- predict(X): Aplica as transformações e gera previsões com o modelo treinado.

Exemplo prático com a extração de atributos e modelagem dentro de um pipeline:
python

```python
from sklearn.decomposition import PCA
from sklearn.svm import SVC

# Criando um pipeline com redução de dimensionalidade e
modelo SVM
pipeline = Pipeline([
    ('redução_dimensionalidade', PCA(n_components=2)),
    ('modelo', SVC(kernel='linear'))
```

```
])
```

```
# Ajustando o pipeline
pipeline.fit(X_treino, y_treino)
```

```
# Realizando previsões
y_pred = pipeline.predict(X_teste)
```

Aqui, os dados passam primeiro por uma redução de dimensionalidade usando PCA antes do treinamento do modelo SVM.

Introdução à Criação e Utilização de Pipelines

A criação de pipelines automatizados oferece diversos benefícios:

- **Organização modular**: Todas as etapas são definidas em um fluxo coeso e sequencial.

- **Reprodutibilidade**: Garante que os mesmos pré-processamentos sejam aplicados sempre da mesma forma.

- **Redução de código redundante**: Evita a necessidade de reaplicar manualmente cada transformação antes do treinamento do modelo.

- **Facilidade de otimização**: Pipelines podem ser combinados com **GridSearchCV** para ajuste automatizado de hiperparâmetros.

Combinando pipelines com validação cruzada

Os pipelines podem ser integrados à validação cruzada para avaliar a performance de modelos de forma eficiente.
python

```
from sklearn.model_selection import cross_val_score

# Executando validação cruzada no pipeline
scores = cross_val_score(pipeline, X, y, cv=5)
print("Acurácia média do pipeline:", scores.mean())
```

Assim, assegura-se que todas as etapas do pipeline sejam aplicadas corretamente a cada subconjunto da validação cruzada.

Otimização de hiperparâmetros dentro de um pipeline

Outra funcionalidade essencial dos pipelines no Scikit-Learn é sua compatibilidade com GridSearchCV, permitindo a busca otimizada de hiperparâmetros.
python

```
from sklearn.model_selection import GridSearchCV

# Definição do pipeline com um modelo SVM
pipeline = Pipeline([
    ('normalizacao', StandardScaler()),
    ('modelo', SVC())
])

# Definição do grid de hiperparâmetros
parametros = {
    'modelo__C': [0.1, 1, 10],
    'modelo__kernel': ['linear', 'rbf']
```

```
}
```

```
# Otimização com GridSearchCV
grid_search = GridSearchCV(pipeline, parametros, cv=5)
grid_search.fit(X_treino, y_treino)
```

```
# Melhor combinação de hiperparâmetros encontrada
print("Melhores parâmetros:", grid_search.best_params_)
```

O uso de GridSearchCV dentro do pipeline elimina riscos de data leakage e garante que todas as transformações sejam aplicadas corretamente durante o processo de otimização.

Resolução de Erros Comuns

Erro: "Pipeline object has no attribute predict"
Solução: Garanta que o método .fit(X, y) foi executado antes de chamar .predict(X).
python

```
pipeline.fit(X_treino, y_treino)
previsoes = pipeline.predict(X_teste)
```

Erro: "GridSearchCV not recognizing pipeline parameters"
Solução: Sempre utilize nome_do_passo__nome_do_parametro para referenciar hiperparâmetros dentro do pipeline.
python

```
parametros = {
    'modelo__C': [0.1, 1, 10]  # Nome correto da etapa seguido de
"__"
}
```

Erro: Data Leakage durante a validação cruzada

Solução: Sempre encapsule transformações dentro do pipeline para que cada etapa seja aplicada corretamente apenas nos dados de treino dentro da validação cruzada.

Boas Práticas

- **Sempre encapsule todas as transformações no pipeline**, incluindo pré-processamento, seleção de features e modelagem.

- **Use GridSearchCV para otimizar os hiperparâmetros** sem risco de vazamento de dados.

- **Utilize pipelines para implementação em produção**, garantindo que todas as etapas sejam replicáveis e padronizadas.

Aplicações reais de **pipelines automatizados** incluem:

- **Modelos preditivos em larga escala**, garantindo que dados novos sejam tratados corretamente antes das previsões.

- **Sistemas de recomendação**, otimizando a seleção e transformação das features antes do uso em modelos.

- **Classificação de fraudes financeiras**, onde múltiplas etapas de pré-processamento são necessárias para lidar com dados brutos.

Resumo Estratégico

O uso de pipelines automatizados no Scikit-Learn melhora significativamente a eficiência e a organização de fluxos de trabalho em Machine Learning. Adotando corretamente essa abordagem, é possível construir soluções robustas, modulares e reprodutíveis, garantindo que todas as etapas do processo sejam executadas de forma consistente. A integração de pipelines com validação cruzada e otimização de hiperparâmetros eleva o nível da modelagem, permitindo que projetos de Machine Learning sejam escaláveis e confiáveis em ambientes de produção.

CAPÍTULO 18. DEPLOY DE MODELOS SCIKIT-LEARN

O deploy de modelos de Machine Learning é a etapa que transforma uma solução analítica desenvolvida em um ambiente de desenvolvimento em um sistema pronto para uso em produção. Esse processo envolve a exportação do modelo treinado, sua integração com aplicações e a disponibilização para usuários ou sistemas externos. O Scikit-Learn oferece diversas maneiras eficientes de salvar, carregar e implementar modelos, garantindo escalabilidade e reprodutibilidade.

A escolha do método de deploy depende do ambiente de execução. Modelos podem ser servidos via APIs web, incorporados em aplicações locais ou integrados a sistemas embarcados e na nuvem. O uso de ferramentas como Flask, FastAPI e Docker permite operacionalizar os modelos de forma eficiente e escalável.

Componentes, templates e metadados

O deploy de um modelo treinado no Scikit-Learn segue uma estrutura modular, garantindo que todas as etapas do pipeline de Machine Learning sejam preservadas no ambiente produtivo. Os principais componentes envolvidos no deploy incluem:

- **Serialização do modelo**: Salvamento e carregamento do modelo treinado utilizando joblib ou pickle.
- **Serviço via API**: Criação de uma interface para receber dados e retornar previsões.
- **Monitoramento e atualização**: Implementação de mecanismos para acompanhar o desempenho do modelo

em produção.

Para garantir eficiência e reprodutibilidade, o modelo deve ser salvo e reutilizado corretamente. O Scikit-Learn facilita esse processo por meio do joblib, que preserva objetos complexos como modelos e pipelines.

Salvando e Carregando Modelos com joblib

python

```python
from sklearn.ensemble import RandomForestClassifier
from sklearn.datasets import load_iris
from sklearn.model_selection import train_test_split
import joblib

# Carregando os dados
dados = load_iris()
X_treino, X_teste, y_treino, y_teste =
train_test_split(dados.data, dados.target, test_size=0.2,
random_state=42)

# Treinando o modelo
modelo = RandomForestClassifier(n_estimators=100)
modelo.fit(X_treino, y_treino)

# Salvando o modelo treinado
joblib.dump(modelo, 'modelo_rf.pkl')

# Carregando o modelo salvo
modelo_carregado = joblib.load('modelo_rf.pkl')

# Realizando previsões com o modelo carregado
```

```
previsoes = modelo_carregado.predict(X_teste)
print("Previsões:", previsoes)
```

Esse processo assegura que o modelo treinado possa ser reutilizado sem a necessidade de refazer o treinamento, otimizando o desempenho em produção.

Diretivas estruturais e atributos

A estrutura do deploy deve garantir modularidade e organização. Os principais componentes e atributos incluem:

- **Modelos serializados** (.pkl ou .joblib): Arquivos contendo os modelos treinados para uso futuro.

- **APIs para consumo**: Interfaces HTTP para permitir que aplicações externas enviem dados e recebam previsões.

- **Pipeline de deploy**: Estratégias para monitorar e atualizar modelos em produção sem interrupções.

O deploy pode ser realizado de diferentes formas, dependendo do contexto e das necessidades do sistema:

- **Deploy local**: O modelo é carregado diretamente em um software ou script Python para uso interno.

- **Deploy via API**: O modelo é disponibilizado para acesso remoto através de um servidor HTTP.

- **Deploy em contêineres**: O modelo é empacotado em um ambiente isolado, como **Docker**, facilitando a escalabilidade.

Introdução ao Deploy de Modelos em Ambientes Produtivos

O deploy de um modelo deve seguir boas práticas para garantir estabilidade e segurança. A criação de uma API para servir previsões é uma das abordagens mais utilizadas para tornar modelos acessíveis a sistemas externos.

Criando uma API de Machine Learning com Flask

python

```python
from flask import Flask, request, jsonify
import joblib
import numpy as np

# Carregando o modelo treinado
modelo = joblib.load("modelo_rf.pkl")

# Criando a aplicação Flask
app = Flask(__name__)

# Endpoint para previsões
@app.route('/prever', methods=['POST'])
def prever():
    dados = request.get_json()
    entrada = np.array(dados['valores']).reshape(1, -1)
    previsao = modelo.predict(entrada)
    return jsonify({'previsao': int(previsao[0])})

# Executando a API
if __name__ == '__main__':
    app.run(port=5000, debug=True)
```

Esse modelo de código cria um serviço HTTP local que recebe dados JSON, executa previsões e retorna o resultado. O modelo pode ser acessado por qualquer aplicação cliente via requisições HTTP.

Implementando uma API mais eficiente com FastAPI

Flask é uma opção popular, mas FastAPI é uma alternativa mais eficiente e moderna para criar APIs de Machine Learning com melhor desempenho.
python

```python
from fastapi import FastAPI
import joblib
import numpy as np

# Carregando o modelo treinado
modelo = joblib.load("modelo_rf.pkl")

# Criando a aplicação FastAPI
app = FastAPI()

# Endpoint para previsões
@app.post("/prever/")
def prever(dados: dict):
    entrada = np.array(dados['valores']).reshape(1, -1)
    previsao = modelo.predict(entrada)
    return {"previsao": int(previsao[0])}
```

O FastAPI é mais rápido que Flask e permite validação automática de entradas, sendo recomendado para sistemas em larga escala.

Empacotando o modelo com Docker para deploy escalável

O uso de Docker garante que o ambiente de execução seja consistente e replicável, eliminando problemas de compatibilidade entre sistemas.
Dockerfile para empacotamento da API:
dockerfile

```
FROM python:3.9
WORKDIR /app
COPY . /app
RUN pip install -r requirements.txt
CMD ["python", "api.py"]
```

Para executar a API dentro do contêiner:
sh

```
docker build -t ml_api .
docker run -p 5000:5000 ml_api
```

Assim, garante-se que o modelo esteja pronto para produção sem necessidade de configuração adicional.

Erros Comuns e Soluções recomendadas

Erro: "ModuleNotFoundError: No module named 'sklearn'"
Solução: Verifique se o ambiente de execução contém todas as dependências e utilize pip install -r requirements.txt antes de executar o código.

Erro: "Flask app not running on expected port"
Solução: Modifique a porta da aplicação Flask:

python

```
app.run(port=8000)
```

Erro: Modelo treinado em uma versão diferente do Scikit-Learn
Solução: Salve sempre a versão utilizada junto ao modelo:
sh

```
pip freeze > requirements.txt
```

Desse modo, permite-se recriar o ambiente exato posteriormente.

Boas Práticas

- **Sempre versionar os modelos** treinados para facilitar rollback em caso de problemas.

- **Monitorar o desempenho do modelo em produção**, identificando possíveis quedas de acurácia ao longo do tempo.

- **Automatizar a revalidação de modelos**, garantindo que novas versões sejam testadas antes da substituição.

Aplicações reais:

- **Detecção de fraudes financeiras**: Modelos servindo previsões em tempo real para transações bancárias.

- **Assistentes virtuais e chatbots**: APIs de Machine Learning analisando e processando texto automaticamente.

- **Manutenção preditiva**: Sistemas que analisam dados de sensores industriais para prever falhas em equipamentos.

Resumo Estratégico

O deploy de modelos de Machine Learning com Scikit-Learn permite transformar soluções analíticas em sistemas operacionais escaláveis e eficientes. Utilizando técnicas de serialização, APIs web e contêineres, é possível garantir a reprodutibilidade e estabilidade dos modelos. Ao seguir boas práticas de implementação e monitoramento, a transição do ambiente de desenvolvimento para produção se torna eficiente, permitindo o uso prático de soluções baseadas em Machine Learning em tempo real.

CAPÍTULO 19. TRABALHANDO COM DADOS DESBALANCEADOS

O desbalanceamento de classes é um problema comum em Machine Learning, especialmente em aplicações onde algumas classes são significativamente mais frequentes do que outras. Exemplos incluem detecção de fraudes, diagnósticos médicos e segurança cibernética, onde os eventos positivos (fraude, doença ou ataque) são muito menos frequentes do que os eventos negativos.

Os modelos de aprendizado de máquina, quando treinados com dados desbalanceados, podem desenvolver um viés para a classe majoritária, reduzindo a capacidade de identificar corretamente os casos da classe minoritária. Para mitigar esse problema, diversas técnicas são utilizadas para ajustar a distribuição das classes e melhorar a qualidade das previsões.

Componentes, templates e metadados

Ao trabalhar com dados desbalanceados, é essencial utilizar estratégias para equilibrar a distribuição das classes e evitar viés no modelo. As principais abordagens incluem:

- **Reamostragem dos dados**: Técnicas como **oversampling** e **undersampling** para ajustar a proporção das classes.

- **Uso de métricas apropriadas**: Acurácia pode ser enganosa em conjuntos desbalanceados. Métricas como **F1-score, recall e precisão** são mais adequadas.

- **Alteração de pesos da classe**: Ajuste dos hiperparâmetros do modelo para atribuir maior peso às classes menos representadas.

- **Uso de algoritmos especializados**: Modelos como **Balanced Random Forest e SMOTEBoost** são projetados para lidar com desbalanceamento de classes.

O Scikit-Learn oferece suporte a todas essas técnicas, permitindo que o treinamento de modelos leve em consideração a distribuição desigual das classes.

Diretivas estruturais e atributos

Os principais métodos disponíveis para lidar com dados desbalanceados no Scikit-Learn incluem:

- **Oversampling (aumentar a classe minoritária)**:

  - **SMOTE (Synthetic Minority Over-sampling Technique)**: Gera novos exemplos sintéticos da classe minoritária.
  - **ADASYN (Adaptive Synthetic Sampling)**: Similar ao SMOTE, mas foca em exemplos mais difíceis.

- **Undersampling (reduzir a classe majoritária)**:

  - **Random Undersampling**: Remove exemplos da classe majoritária para balancear a distribuição.
  - **NearMiss**: Seleciona exemplos da classe majoritária mais próximos da classe minoritária.

- **Ajuste de pesos no modelo**:

- ○ Muitos algoritmos permitem ajustar os pesos da classe para minimizar o impacto do desbalanceamento.
- ○ Parâmetro class_weight='balanced' disponível em algoritmos como **RandomForestClassifier** e **LogisticRegression**.

Modelo para análise da distribuição das classes:
python

```python
import numpy as np
from collections import Counter
from sklearn.datasets import make_classification

# Criando um dataset desbalanceado
X, y = make_classification(n_classes=2, class_sep=2, weights=[0.90, 0.10],
                        n_informative=3, n_redundant=1, flip_y=0, n_features=5,
                        n_clusters_per_class=1, n_samples=1000,
                        random_state=42)

# Exibindo a distribuição das classes
print("Distribuição original das classes:", Counter(y))
```

Esse código cria um dataset desbalanceado, onde 90% dos dados pertencem à classe majoritária e apenas 10% pertencem à classe minoritária.

Introdução às Técnicas para Lidar com Dados Desbalanceados

Ao lidar com dados desbalanceados, é necessário escolher a abordagem correta para evitar que o modelo se torne tendencioso. O Scikit-Learn fornece diversas ferramentas para balancear os dados antes do treinamento.

Oversampling com SMOTE

O SMOTE cria exemplos sintéticos da classe minoritária para equilibrar a distribuição.
python

```
from imblearn.over_sampling import SMOTE

# Aplicando SMOTE para balancear os dados
smote = SMOTE(sampling_strategy=0.5, random_state=42)
X_res, y_res = smote.fit_resample(X, y)

# Exibindo a nova distribuição das classes
print("Distribuição após SMOTE:", Counter(y_res))
```

OSMOTE é útil quando há poucos dados na classe minoritária e aumenta a diversidade dos exemplos.

Undersampling com Random Undersampling

Se a classe majoritária estiver super-representada, o undersampling pode ser usado para reduzir sua quantidade.
python

```
from imblearn.under_sampling import RandomUnderSampler

# Aplicando Random Undersampling
undersample = RandomUnderSampler(sampling_strategy=0.5,
random_state=42)
X_res, y_res = undersample.fit_resample(X, y)
```

```
# Exibindo a nova distribuição das classes
print("Distribuição após undersampling:", Counter(y_res))
```

undersampling reduz a quantidade de exemplos da classe majoritária, garantindo que o modelo não se concentre excessivamente nela.

Utilização de class_weight no Treinamento de Modelos

Algoritmos como RandomForestClassifier, LogisticRegression e SVM permitem definir pesos para compensar o desbalanceamento.
python

```
from sklearn.ensemble import RandomForestClassifier
from sklearn.model_selection import train_test_split
from sklearn.metrics import classification_report

# Dividindo os dados
X_treino, X_teste, y_treino, y_teste = train_test_split(X, y,
test_size=0.2, random_state=42)

# Criando modelo com ajuste de peso
modelo = RandomForestClassifier(class_weight="balanced",
random_state=42)
modelo.fit(X_treino, y_treino)

# Prevendo e avaliando
y_pred = modelo.predict(X_teste)
print(classification_report(y_teste, y_pred))
```

O ajuste de class_weight faz com que o modelo atribua maior importância às classes menos representadas, melhorando sua capacidade de previsão.

Resolução de Erros Comuns

Erro: "ValueError: Expected 2D array, got 1D array instead"
Solução: Certifique-se de que os dados estão estruturados corretamente antes de aplicar SMOTE ou undersampling.
python

```python
X_res, y_res = smote.fit_resample(X.reshape(-1, 1), y)
```

Erro: Modelo ainda favorece a classe majoritária
Soluções:
- Utilize uma métrica apropriada: Acurácia não é confiável em dados desbalanceados. Use F1-score e recall.
- Experimente diferentes técnicas de balanceamento, como SMOTE combinado com class_weight='balanced'.

python

```python
from sklearn.metrics import f1_score
f1 = f1_score(y_teste, y_pred)
print("F1-score:", f1)
```

Erro: Overfitting ao utilizar SMOTE
Solução: Reduza a taxa de oversampling ou experimente ADASYN, que distribui amostras de forma adaptativa.
python

```python
from imblearn.over_sampling import ADASYN
adasyn = ADASYN(sampling_strategy=0.5, random_state=42)
X_res, y_res = adasyn.fit_resample(X, y)
```

Boas Práticas

- **Escolha a técnica de balanceamento com base no tamanho do dataset:**

  - Se houver **muitos dados disponíveis, undersampling** pode ser eficiente.
  - Se houver **poucos dados, SMOTE ou ADASYN** são mais indicados.

- **Utilize métricas adequadas**: Prefira **F1-score, recall e AUC-ROC** em vez de apenas acurácia.

- **Evite balanceamento excessivo**: Criar muitos exemplos sintéticos pode levar a um modelo que não generaliza bem.

Aplicações reais do balanceamento de dados:

- **Detecção de fraudes financeiras**: Garantindo que fraudes sejam corretamente identificadas sem gerar muitos falsos positivos.

- **Diagnóstico médico**: Melhorando a identificação de doenças raras sem comprometer a confiabilidade do modelo.

- **Análise de segurança cibernética**: Detectando atividades anômalas em redes sem superajuste nos dados normais.

Resumo Estratégico

Trabalhar com dados desbalanceados é essencial para garantir que modelos de Machine Learning sejam precisos e justos. Técnicas como SMOTE, undersampling e ajuste de pesos permitem equilibrar a distribuição das classes e melhorar a capacidade do modelo de identificar corretamente eventos raros. Adotando essas estratégias de forma eficiente, é possível criar soluções robustas e confiáveis para diferentes problemas práticos.

CAPÍTULO 20. INTEGRAÇÃO COM OUTRAS BIBLIOTECAS

O Scikit-Learn é uma das bibliotecas mais utilizadas para Machine Learning em Python, mas seu uso isolado raramente é suficiente para desenvolver soluções completas. A integração com bibliotecas auxiliares como Pandas, NumPy e Matplotlib é essencial para manipulação de dados, visualização e análise de resultados. Essas ferramentas complementam os algoritmos de Machine Learning, permitindo fluxos de trabalho mais eficientes e otimizados.

A integração com Pandas facilita a manipulação de datasets estruturados, enquanto o Matplotlib e o Seaborn são indispensáveis para análise visual e interpretação dos modelos. O NumPy garante operações matemáticas eficientes e compatibilidade com o Scikit-Learn. Combinadas, essas bibliotecas possibilitam o desenvolvimento de pipelines robustos para ciência de dados.

Componentes, templates e metadados

A integração do Scikit-Learn com outras bibliotecas segue uma estrutura modular. Cada ferramenta desempenha um papel fundamental:

- **Pandas**: Manipulação e limpeza de dados.

- **NumPy**: Operações matemáticas eficientes e

compatibilidade com arrays.

- **Matplotlib e Seaborn**: Visualização gráfica e análise exploratória.

- **SciPy**: Suporte para estatísticas avançadas e otimização.

- **Joblib**: Serialização e carregamento rápido de modelos.

Tais bibliotecas garantem maior flexibilidade e desempenho ao trabalhar com modelos de Machine Learning.

Diretivas estruturais e atributos

O uso do Pandas e do NumPy no Scikit-Learn é essencial para manipulação eficiente dos dados. O Pandas permite representar datasets como DataFrames, enquanto o NumPy facilita operações matriciais necessárias para o treinamento dos modelos.

Carregando dados com Pandas

python

```
import pandas as pd

# Carregando um dataset CSV
dados = pd.read_csv("dados.csv")

# Visualizando as primeiras linhas
print(dados.head())
```

Convertendo um DataFrame para NumPy

O Scikit-Learn trabalha diretamente com arrays NumPy. Para integrar o Pandas com os modelos, é necessário converter os

DataFrames corretamente.
python

```python
import numpy as np

# Convertendo DataFrame para array NumPy
X = dados.drop(columns=["target"]).values
y = dados["target"].values
```

Esse processo garante que os dados sejam compatíveis com os algoritmos do Scikit-Learn.

Integração com Matplotlib para visualização

A visualização dos dados é essencial para entender padrões e avaliar a performance dos modelos.
python

```python
import matplotlib.pyplot as plt

# Criando um histograma para analisar a distribuição de uma variável
plt.hist(dados["idade"], bins=30, color='blue', edgecolor='black')
plt.xlabel("Idade")
plt.ylabel("Frequência")
plt.title("Distribuição de Idades")
plt.show()
```

A integração do Matplotlib com o Pandas permite explorar os dados visualmente antes do treinamento.

Introdução à Integração com Bibliotecas
A integração entre Scikit-Learn, Pandas e Matplotlib garante um

fluxo de trabalho eficiente para análise, treinamento e avaliação de modelos de Machine Learning.

Pré-processamento de dados com Pandas

Antes de treinar um modelo, os dados precisam ser limpos e transformados. O Pandas oferece funcionalidades para lidar com valores ausentes, normalizar colunas e criar novas variáveis.

python

```python
# Removendo valores ausentes
dados = dados.dropna()

# Normalizando os valores entre 0 e 1
dados["idade"] = (dados["idade"] - dados["idade"].min()) /
(dados["idade"].max() - dados["idade"].min())
```

Tais transformações garantem que o modelo receba dados bem preparados para treinamento.

Utilizando Seaborn para análise visual

O Seaborn é uma extensão do Matplotlib que facilita a criação de gráficos informativos.

python

```python
import seaborn as sns

# Criando um gráfico de dispersão entre duas variáveis
sns.scatterplot(x=dados["salario"], y=dados["idade"],
hue=dados["target"])
plt.title("Relação entre Salário e Idade")
```

```
plt.show()
```

A visualização com Seaborn ajuda a identificar padrões e relações nos dados.

Pipeline Integração

Abaixo está um exemplo de fluxo de trabalho completo, desde a carga dos dados até o treinamento do modelo com Pandas e Scikit-Learn.
python

```
from sklearn.model_selection import train_test_split
from sklearn.ensemble import RandomForestClassifier
from sklearn.metrics import classification_report

# Carregando os dados
dados = pd.read_csv("dados.csv")

# Separando variáveis independentes e alvo
X = dados.drop(columns=["target"])
y = dados["target"]

# Dividindo os dados em treino e teste
X_treino, X_teste, y_treino, y_teste = train_test_split(X, y,
test_size=0.2, random_state=42)

# Criando e treinando o modelo
modelo = RandomForestClassifier(n_estimators=100)
modelo.fit(X_treino, y_treino)

# Realizando previsões
y_pred = modelo.predict(X_teste)
```

```
# Avaliando o desempenho
print(classification_report(y_teste, y_pred))
```

O código demonstra um modelo de pipeline com integração entre Pandas, Scikit-Learn e métricas de avaliação.

Resolução de Erros Comuns

Erro: "ValueError: Expected 2D array, got 1D array instead"
Solução: Utilize .values.reshape(-1, 1) para garantir que os dados estejam em formato bidimensional.
python

```
X = dados["idade"].values.reshape(-1, 1)
```

Erro: "KeyError: 'target'" ao carregar os dados
Solução: Verifique os nomes das colunas com dados.columns.

Erro: Gráfico não exibe corretamente no Matplotlib
Solução:
python

```
plt.show()
```

Boas Práticas

- **Sempre normalize os dados** antes do treinamento para garantir que os modelos lidem bem com diferentes escalas.

- **Utilize gráficos exploratórios** para verificar a qualidade dos dados e identificar padrões ocultos.

- **Otimize a eficiência computacional** utilizando NumPy para operações vetorizadas sempre que possível.

Aplicações reais da integração do Scikit-Learn com Pandas e Matplotlib:

- **Análise financeira**: Modelos de crédito integrados ao Pandas para análise e predição de risco.

- **Diagnósticos médicos**: Classificação de doenças utilizando Machine Learning e visualização de padrões com Seaborn.

- **Monitoramento de redes**: Detecção de anomalias em logs de tráfego com Pandas e Machine Learning.

Resumo Estratégico

A integração do Scikit-Learn com Pandas, Matplotlib e outras bibliotecas é essencial para um fluxo de trabalho eficiente em Machine Learning. Utilizando essas ferramentas em conjunto, é possível processar dados de forma estruturada, visualizar padrões relevantes e construir modelos preditivos mais precisos. O domínio dessas integrações permite desenvolver soluções de Machine Learning mais robustas, escaláveis e aplicáveis a diferentes áreas do conhecimento.

CAPÍTULO 21. AUTOMAÇÃO E AUTOML

A automação de processos em Machine Learning tem se tornado essencial para otimizar fluxos de trabalho e melhorar a eficiência na construção de modelos preditivos. AutoML (Automated Machine Learning) é uma opção técnica que automatiza tarefas como seleção de modelos, ajuste de hiperparâmetros e engenharia de features, reduzindo o tempo de experimentação e melhorando a performance das soluções. Scikit-Learn, em conjunto com ferramentas especializadas como Auto-sklearn, permite integrar automação ao desenvolvimento de modelos sem comprometer a qualidade dos resultados.

Componentes, templates e metadados

A automação em Machine Learning é baseada em três pilares principais:

- **Seleção automática de modelos**: Diferentes algoritmos são testados para encontrar a melhor opção para os dados.

- **Ajuste de hiperparâmetros**: Busca automática pelos parâmetros ideais para maximizar a performance do modelo.

- **Engenharia de features**: Identificação e transformação das variáveis mais relevantes para a previsão.

A biblioteca Auto-sklearn implementa esses princípios, utilizando otimização Bayesiana e técnicas avançadas para encontrar o melhor modelo de forma automatizada.

Diretivas estruturais e atributos

Os principais atributos da automação em AutoML envolvem a configuração de pipelines otimizados e a utilização de validação cruzada para garantir robustez.

- **Auto-sklearn**: Implementação baseada no Scikit-Learn que testa diferentes combinações de algoritmos e hiperparâmetros automaticamente.

- **TPOT**: Ferramenta que utiliza algoritmos genéticos para encontrar o melhor pipeline de Machine Learning.

- **H2O AutoML**: Plataforma poderosa para AutoML em larga escala.

A integração desses frameworks com o Scikit-Learn facilita a automação sem a necessidade de ajustes manuais complexos.

Introdução a Ferramentas de AutoML com Scikit-Learn (Auto-sklearn, por exemplo)

O Auto-sklearn é uma das ferramentas mais eficientes para automação de Machine Learning baseada no Scikit-Learn. Ele realiza busca automática de modelos e hiperparâmetros, garantindo que a melhor combinação seja utilizada para um conjunto de dados específico.

Instalação do Auto-sklearn

python

```
pip install auto-sklearn
```

Utilizando Auto-sklearn para encontrar o melhor modelo:
python

```
import autosklearn.classification
from sklearn.model_selection import train_test_split
from sklearn.datasets import load_digits
from sklearn.metrics import accuracy_score

# Carregando um conjunto de dados
dados = load_digits()
X_treino, X_teste, y_treino, y_teste =
train_test_split(dados.data, dados.target, test_size=0.2,
random_state=42)

# Criando o classificador AutoML
modelo_automl =
autosklearn.classification.AutoSklearnClassifier(time_left_for_
this_task=300, per_run_time_limit=30)

# Ajustando o modelo automaticamente
modelo_automl.fit(X_treino, y_treino)

# Fazendo previsões
y_pred = modelo_automl.predict(X_teste)

# Avaliando a performance
print("Acurácia do modelo AutoML:", accuracy_score(y_teste,
y_pred))
```

O modelo do código acima executa AutoML por 5 minutos, testando diferentes modelos e retornando a melhor configuração encontrada.

Automação com TPOT

O TPOT (Tree-based Pipeline Optimization Tool) utiliza algoritmos genéticos para otimizar modelos de Machine Learning.
python

```python
from tpot import TPOTClassifier

# Criando o classificador TPOT
modelo_tpot = TPOTClassifier(generations=5,
population_size=20, verbosity=2)

# Ajustando o modelo
modelo_tpot.fit(X_treino, y_treino)

# Fazendo previsões
y_pred = modelo_tpot.predict(X_teste)

# Avaliando a performance
print("Acurácia do TPOT:", accuracy_score(y_teste, y_pred))
```

O TPOT gera um pipeline otimizado e fornece o código Python correspondente para ser utilizado futuramente.

Automação com H2O AutoML

O H2O AutoML é uma das soluções mais poderosas para automação de Machine Learning em larga escala. Ele testa

modelos rapidamente e é altamente eficiente para conjuntos de dados grandes.
python

```python
import h2o
from h2o.automl import H2OAutoML

# Inicializando o H2O
h2o.init()

# Convertendo os dados para o formato H2O
dados_h2o = h2o.H2OFrame(dados.data)
dados_h2o["target"] = h2o.H2OFrame(dados.target)

# Dividindo os dados
train, test = dados_h2o.split_frame(ratios=[0.8])

# Criando AutoML
modelo_h2o = H2OAutoML(max_models=10, seed=42)
modelo_h2o.train(y="target", training_frame=train)

# Fazendo previsões
predicoes = modelo_h2o.predict(test)
print(predicoes)
```

H2O AutoML testa vários modelos e retorna os melhores com base em métricas de desempenho.

Resolução de Erros Comuns

Erro: Auto-sklearn requer SWIG
Solução: Instale o SWIG antes de tentar instalar o Auto-sklearn.
sh

```
sudo apt install swig
pip install auto-sklearn
```

Erro: Auto-sklearn não suporta datasets grandes

Solução: Utilizar amostragem aleatória para reduzir o tamanho dos dados antes de rodar AutoML.

python

```
X_sample,    _,   y_sample,   _   =   train_test_split(X,   y,
train_size=10000, random_state=42)
```

Erro: TPOT demora muito para treinar

Solução: Reduza generations e population_size para acelerar a execução.

python

```
modelo_tpot          =             TPOTClassifier(generations=2,
population_size=10)
```

Erro: H2O AutoML consome muita memória

Solução: Definir um limite de modelos e ajustar a memória máxima disponível.

python

```
h2o.init(max_mem_size="4G")
modelo_h2o = H2OAutoML(max_models=5, seed=42)
```

Boas Práticas

- **Utilizar AutoML para explorar diferentes modelos rapidamente** sem precisar testar manualmente diversas combinações.

- **Ajustar o tempo de execução** para evitar consumo excessivo de recursos computacionais.

- **Interpretar os modelos gerados** verificando quais algoritmos foram escolhidos e os hiperparâmetros definidos.

- **Automação para aplicações em produção** integrando AutoML com APIs e sistemas de deploy.

Aplicações reais de AutoML:

- **Detecção de fraudes bancárias**: Testando diferentes algoritmos automaticamente para encontrar o mais eficiente.

- **Classificação médica**: Ajustando modelos automaticamente para diagnóstico de doenças.

- **Otimização de campanhas de marketing**: Identificando padrões de comportamento automaticamente.

Resumo Estratégico

A automação com AutoML no Scikit-Learn é uma abordagem poderosa para encontrar rapidamente as melhores combinações de algoritmos e hiperparâmetros sem intervenção manual. Ferramentas como Auto-sklearn, TPOT e H2O AutoML permitem otimizar modelos de forma eficiente, reduzindo o tempo de desenvolvimento e melhorando a performance preditiva. Utilizando corretamente essas técnicas, é possível criar soluções escaláveis e de alto desempenho para uma ampla gama de aplicações reais.

CAPÍTULO 22. INTERPRETAÇÃO DE MODELOS (EXPLAINABILITY)

A interpretabilidade de modelos de Machine Learning tem se tornado um requisito fundamental em diversas aplicações, especialmente em setores como saúde, finanças e direito. Com o avanço dos modelos complexos, como redes neurais e ensembles, a necessidade de compreender como e por que um modelo toma decisões se tornou crítica. Técnicas como SHAP (SHapley Additive Explanations) e LIME (Local Interpretable Model-agnostic Explanations) oferecem soluções para tornar modelos preditivos mais transparentes e confiáveis.

A capacidade de interpretar um modelo melhora não apenas sua confiabilidade, mas também possibilita a identificação de vieses, erros sistêmicos e melhoria da performance geral.

Componentes, templates e metadados

A interpretabilidade de modelos pode ser dividida em três abordagens principais:

- **Interpretação global**: Compreende a lógica geral do modelo e sua estrutura de decisão.

- **Interpretação local**: Analisa as razões por trás de uma previsão específica.

- **Feature Importance**: Mede o impacto de cada variável no resultado final.

A biblioteca SHAP se baseia na teoria dos valores de Shapley para distribuir a importância das variáveis de forma consistente e explicável. Já o LIME cria pequenas perturbações nos dados de entrada para analisar como o modelo responde a elas, gerando explicações locais compreensíveis.

Diretivas estruturais e atributos

Os principais atributos das técnicas de interpretabilidade incluem:

- **Feature Importance global**: Determina quais variáveis têm maior impacto geral no modelo.

- **Explanações locais**: Explica previsões individuais, permitindo que usuários entendam decisões específicas.

- **Modelos agnósticos e específicos**: Algumas técnicas são aplicáveis a qualquer modelo, enquanto outras são específicas para certos tipos de algoritmos.

A implementação dessas abordagens permite avaliar a confiabilidade do modelo e identificar possíveis violações éticas, vieses indesejados e inconsistências preditivas.

Introdução a SHAP, LIME e Outras Técnicas de Interpretabilidade

Instalação das bibliotecas necessárias:
python

```
pip install shap lime
```

Utilizando SHAP para Interpretar Modelos

A biblioteca SHAP permite analisar quais variáveis influenciam mais as previsões do modelo.

python

```python
import shap
import xgboost
from sklearn.model_selection import train_test_split
from sklearn.datasets import load_boston

# Carregando um dataset
dados = load_boston()
X_treino, X_teste, y_treino, y_teste = train_test_split(dados.data, dados.target, test_size=0.2, random_state=42)

# Treinando um modelo XGBoost
modelo = xgboost.XGBRegressor()
modelo.fit(X_treino, y_treino)

# Criando o explicador SHAP
explainer = shap.Explainer(modelo, X_treino)
shap_values = explainer(X_teste)

# Gerando gráfico de importância das variáveis
shap.summary_plot(shap_values, X_teste, feature_names=dados.feature_names)
```

O SHAP calcula a importância de cada variável de forma consistente, permitindo uma explicação clara das previsões.

Interpretação Local com LIME

O LIME gera explicações compreensíveis ao modificar levemente os dados de entrada e observar como isso afeta a previsão do modelo.
python

```python
import lime
import lime.lime_tabular
from sklearn.ensemble import RandomForestClassifier
from sklearn.datasets import load_iris

# Carregando o dataset
dados = load_iris()
X_treino, X_teste, y_treino, y_teste =
train_test_split(dados.data, dados.target, test_size=0.2,
random_state=42)

# Treinando um modelo Random Forest
modelo = RandomForestClassifier(n_estimators=100)
modelo.fit(X_treino, y_treino)

# Criando o explicador LIME
explainer = lime.lime_tabular.LimeTabularExplainer(X_treino,
feature_names=dados.feature_names,
class_names=dados.target_names,
discretize_continuous=True)

# Explicação para uma previsão específica
explicacao = explainer.explain_instance(X_teste[0],
modelo.predict_proba)
explicacao.show_in_notebook()
```

LIME gera uma explicação visual das previsões, tornando os resultados do modelo mais compreensíveis.

Comparação entre SHAP e LIME

- **SHAP** oferece explicações globais e locais baseadas em teoria matemática sólida, sendo mais robusto para modelos complexos.

- **LIME** é mais intuitivo e fácil de interpretar, ideal para explicar previsões individuais rapidamente.

Ambas as abordagens são complementares e podem ser utilizadas juntas para obter uma visão mais abrangente da interpretabilidade do modelo.

Resolução de Erros Comuns

Erro: "SHAP requires a trained model"

Solução: Certifique-se de que o modelo passou por fit() antes de chamar Explainer().

python

```
modelo.fit(X_treino, y_treino)
explainer = shap.Explainer(modelo, X_treino)
```

Erro: "LIME requires discretized data"

Solução: Utilizar discretize_continuous=True ao inicializar o LimeTabularExplainer.

python

```
explainer = lime.lime_tabular.LimeTabularExplainer(X_treino, discretize_continuous=True)
```

Erro: Modelos de deep learning não sendo interpretados corretamente

Solução: Para redes neurais, utilizar métodos específicos como

Deep SHAP para melhor compatibilidade.
python

explainer = shap.DeepExplainer(modelo_deep, X_treino)

Boas Práticas

- **Utilizar SHAP** para entender modelos complexos como XGBoost e redes neurais, garantindo transparência nas previsões.

- **Aplicar LIME** em sistemas que exigem explicações rápidas e compreensíveis para usuários finais.

- **Combinar diferentes técnicas** para uma visão completa da interpretabilidade do modelo.

- **Evitar vieses automatizados** avaliando quais variáveis estão impactando mais as previsões.

Aplicações da interpretabilidade de modelos:

- **Diagnóstico médico assistido por IA**: Explicações claras permitem que médicos confiem nos modelos preditivos.

- **Crédito bancário e score financeiro**: Reguladores exigem justificativas claras para aprovações e recusas.

- **Detectores de fraude**: Transparência sobre por que uma transação foi marcada como suspeita.

- **Sistemas jurídicos e de compliance**: Decisões de IA

precisam ser auditáveis e explicáveis.

Resumo Estratégico

A interpretabilidade de modelos de Machine Learning é essencial para garantir confiança, transparência e ética na Inteligência Artificial. Técnicas como SHAP e LIME possibilitam entender como os modelos tomam decisões, ajudando tanto cientistas de dados quanto usuários finais a compreender os resultados. O uso correto dessas ferramentas permite otimizar a performance dos modelos, reduzir vieses e aumentar a adoção de soluções baseadas em IA.

CAPÍTULO 23. INTEGRAÇÃO COM BIG DATA (SPARK & DASK)

Scikit-Learn é amplamente utilizado para análise de dados e Machine Learning em conjuntos de dados de médio porte. No entanto, quando se trabalha com Big Data, o volume, a velocidade e a variedade dos dados exigem soluções mais escaláveis. É aqui que entram ferramentas como Apache Spark e Dask, que permitem processar grandes volumes de dados distribuídos em múltiplos nós.

A combinação do Scikit-Learn com Spark e Dask possibilita o treinamento de modelos de aprendizado de máquina em larga escala, aproveitando o processamento paralelo e distribuído. Essa metodologia é essencial para cenários em que os dados são grandes demais para serem carregados na memória RAM de um único computador.

Componentes, templates e metadados

A integração entre Scikit-Learn, Apache Spark e Dask pode ser estruturada em três principais abordagens:

- **Processamento distribuído**: Divide grandes conjuntos de dados em múltiplas partições para processamento paralelo.

- **Treinamento escalável de modelos**: Permite treinar modelos de Machine Learning sem esgotar a memória disponível.

- **Pipeline otimizado para Big Data**: Usa paralelismo para pré-processamento, ajuste de hiperparâmetros e inferência.

O Apache Spark MLlib é uma alternativa escalável ao Scikit-Learn, enquanto o Dask estende a funcionalidade do Scikit-Learn para suportar grandes volumes de dados sem necessidade de grandes alterações no código.

Diretivas estruturais e atributos

Os principais atributos da integração do Scikit-Learn com Spark e Dask incluem:

- **Distribuição eficiente dos dados**: O processamento ocorre em nós distribuídos, evitando gargalos de memória.

- **APIs compatíveis com Scikit-Learn**: O Dask oferece um framework similar ao Scikit-Learn, facilitando a migração de código.

- **Otimização de treinamento**: Técnicas como **MapReduce** e paralelismo aceleram o processamento de grandes volumes de dados.

O uso dessas ferramentas permite processar, transformar e modelar conjuntos de dados massivos sem comprometer a eficiência computacional.

Como combinar Scikit-Learn com ferramentas de Big Data

Utilizando Dask para expandir o Scikit-Learn:

O Dask-ML permite treinar modelos do Scikit-Learn de forma escalável, dividindo os dados automaticamente em partes menores e distribuindo o processamento.

Instalação do Dask-ML:

sh

```
pip install dask-ml dask distributed
```

Treinando modelos Scikit-Learn com Dask:

python

```python
import dask.dataframe as dd
from dask_ml.model_selection import train_test_split
from dask_ml.linear_model import LogisticRegression

# Carregando dados massivos como um DataFrame Dask
dados = dd.read_csv("dados_grandes.csv")

# Separando variáveis independentes e alvo
X = dados.drop(columns=["target"])
y = dados["target"]

# Dividindo os dados de forma distribuída
X_treino, X_teste, y_treino, y_teste = train_test_split(X, y,
test_size=0.2, random_state=42)

# Criando e treinando um modelo de regressão logística
modelo = LogisticRegression()
modelo.fit(X_treino, y_treino)

# Fazendo previsões
y_pred = modelo.predict(X_teste)
print(y_pred.compute())
```

Dask-ML permite que modelos sejam treinados e testados sem carregar o conjunto de dados inteiro na memória.

Apache Spark para Machine Learning Escalável

O Spark MLlib é uma biblioteca de Machine Learning distribuído que permite treinar modelos em clusters de Big Data.
Instalação do PySpark:
sh

```
pip install pyspark
```

Treinando um modelo com Spark MLlib:
python

```
from pyspark.sql import SparkSession
from pyspark.ml.classification import LogisticRegression
from pyspark.ml.feature import VectorAssembler

# Criando uma sessão Spark
spark =
SparkSession.builder.appName("BigDataML").getOrCreate()

# Carregando os dados massivos
dados = spark.read.csv("dados_grandes.csv", header=True,
inferSchema=True)

# Convertendo colunas para um vetor de features
assembler = VectorAssembler(inputCols=dados.columns[:-1],
outputCol="features")
dados_transformados = assembler.transform(dados)

# Criando o modelo
```

```
modelo = LogisticRegression(featuresCol="features",
labelCol="target")

# Ajustando o modelo ao conjunto de dados distribuído
modelo_treinado = modelo.fit(dados_transformados)

# Realizando previsões
previsoes = modelo_treinado.transform(dados_transformados)
previsoes.select("features", "prediction").show()
```

Spark MLlib processa dados em clusters distribuídos, permitindo que modelos de Machine Learning sejam treinados em terabytes de dados sem comprometer a memória RAM local.

Erros Comuns e Soluções recomendadas

Erro: "MemoryError" ao tentar carregar um grande conjunto de dados no Pandas
Solução: Use Dask para processar dados em chunks sem carregá-los totalmente na memória.
python

```
import dask.dataframe as dd
dados = dd.read_csv("dados_grandes.csv")
```

Erro: "Job aborted due to stage failure" no Apache Spark
Solução: Verifique a configuração do Spark e ajuste os recursos alocados.
sh

```
spark-submit --executor-memory 4G --num-executors 5
```

Erro: "Dask scheduler timeout"
Solução: Iniciar o scheduler manualmente antes de rodar o

código.
sh

dask-scheduler

Boas Práticas

- **Sempre particionar grandes conjuntos de dados** antes de processá-los para evitar consumo excessivo de memória.

- **Utilizar Dask para modelos do Scikit-Learn** quando o volume de dados for grande demais para caber na memória.

- **Empregar Spark MLlib para cenários de Big Data em clusters distribuídos.**

- **Monitorar o uso de CPU e memória** para otimizar o desempenho do processamento paralelo.

Aplicações reais da integração do Scikit-Learn com Spark e Dask:

- **Análises financeiras em larga escala**: Processamento de milhões de transações bancárias para prever fraudes.

- **Ciência médica**: Treinamento de modelos para diagnóstico em grandes bases de imagens médicas.

- **Big Data em redes sociais**: Modelagem preditiva em conjuntos massivos de dados de usuários.

- **Sistemas de recomendação**: Processamento de milhões de interações para personalização de conteúdo.

Resumo Estratégico

A integração do Scikit-Learn com Big Data usando Spark e Dask permite que modelos de Machine Learning sejam escalados para conjuntos de dados massivos sem comprometer a eficiência. Enquanto o Dask oferece um caminho simples para estender o Scikit-Learn em máquinas locais, o Spark MLlib possibilita treinamento distribuído em grandes clusters. Ao utilizar essa estratégias, é possível construir soluções robustas, escaláveis e otimizadas para aplicações reais em cenários de alto volume de dados.

CAPÍTULO 24. MLOPS E CI/CD PARA MODELOS SCIKIT-LEARN

A integração de MLOps (Machine Learning Operations) com CI/CD (Continuous Integration/Continuous Deployment) para modelos de Machine Learning permite um fluxo automatizado e eficiente para treinar, validar, implantar e monitorar modelos preditivos. O Scikit-Learn, por ser uma das bibliotecas mais utilizadas para aprendizado de máquina, pode ser integrado a pipelines modernos para garantir reprodutibilidade, escalabilidade e automação.

A implementação de MLOps e CI/CD reduz a necessidade de intervenções manuais, facilita a atualização de modelos em produção e melhora a confiabilidade do sistema de Machine Learning.

Componentes, templates e metadados

A utilização de MLOps para modelos Scikit-Learn envolve várias etapas estruturadas, cada uma com seu propósito dentro do ciclo de vida do Machine Learning:

- **Automação do treinamento e validação**: Configuração de pipelines para atualizar modelos sempre que novos dados forem adicionados.

- **Controle de versão de modelos**: Uso de ferramentas

como DVC (Data Version Control) para rastrear versões dos modelos e dos dados utilizados.

- **Implantação automatizada**: Implementação do modelo em **API REST, Kubernetes ou serviços na nuvem**.

- **Monitoramento contínuo**: Análise da performance do modelo em produção, verificando possíveis **drifts de dados e degradação de desempenho**.

A combinação de MLOps e CI/CD permite que equipes de Machine Learning consigam implantar modelos de maneira confiável e escalável.

Diretivas estruturais e atributos

Os principais elementos da automação em MLOps com Scikit-Learn incluem:

- **Versionamento de dados e modelos**: Garante rastreabilidade e evita inconsistências.

- **Pipeline automatizado**: Usa ferramentas como GitHub Actions, Jenkins e GitLab CI/CD para automação completa.

- **Testes unitários e validação**: Implementação de testes automáticos para garantir que novos modelos não introduzam regressões de desempenho.

- **Implantação contínua**: Uso de ferramentas como **Docker, Kubernetes e FastAPI** para garantir uma implantação estável.

A estrutura otimizada garante que modelos estejam sempre atualizados e operacionais sem necessidade de processos manuais.

Integração contínua e entrega contínua de modelos

A integração contínua (CI) e a entrega contínua (CD) em Machine Learning diferem do fluxo tradicional de desenvolvimento de software porque envolvem dados dinâmicos e modelos que precisam ser monitorados em tempo real.

Configurando um pipeline de CI/CD para Machine Learning

Um pipeline eficiente pode ser estruturado com as seguintes etapas:

1. **Pré-processamento e limpeza de dados**
2. **Treinamento e validação do modelo**
3. **Armazenamento da versão do modelo**
4. **Implantação automática**
5. **Monitoramento do desempenho do modelo**

Abaixo, um exemplo de pipeline automatizado utilizando GitHub Actions e DVC para versionamento de dados e modelos.

Configuração do DVC para versionamento de modelos

O DVC (Data Version Control) permite versionar conjuntos de dados e modelos, garantindo reprodutibilidade.

sh

```
pip install dvc
dvc init
dvc remote add myremote s3://meu-bucket-dvc
```

A seguir, adicionamos os arquivos de modelo para controle de versão:
sh

```
dvc add modelo.pkl
git add modelo.pkl.dvc .gitignore
git commit -m "Versão inicial do modelo"
git push origin main
```

Pipeline de CI/CD para Re-treinamento Automático

Abaixo está um exemplo de GitHub Actions para um pipeline de Machine Learning que re-treina o modelo automaticamente quando novos dados são adicionados ao repositório.
yaml

```yaml
name: ML Pipeline

on:
  push:
    branches:
      - main

jobs:
  train_model:
    runs-on: ubuntu-latest
    steps:
      - name: Checkout do repositório
        uses: actions/checkout@v2

      - name: Configurar ambiente Python
        uses: actions/setup-python@v2
```

```
  with:
    python-version: '3.9'

- name: Instalar dependências
  run: |
    pip install -r requirements.txt
    pip install dvc

- name: Baixar dados e treinar modelo
  run: |
    dvc pull
    python train.py

- name: Salvar modelo treinado
  run: |
    dvc add modelo.pkl
    git add modelo.pkl.dvc
    git commit -m "Modelo atualizado"
    git push
    dvc push
```

Esse pipeline executa as seguintes etapas automaticamente:

- **Baixa os dados do repositório DVC**
- **Re-treina o modelo com novos dados**
- **Armazena a versão mais recente do modelo**
- **Publica o modelo no repositório**

A abordagem citada garante que sempre que novos dados forem disponibilizados, o modelo seja atualizado e implantado automaticamente.

Implantação contínua com Docker e FastAPI

Após o treinamento, o modelo pode ser implantado como uma API REST usando FastAPI e Docker.
python

```python
from fastapi import FastAPI
import pickle
import numpy as np

app = FastAPI()

# Carregando o modelo treinado
with open("modelo.pkl", "rb") as f:
    modelo = pickle.load(f)

@app.post("/predict/")
def predict(data: list):
    entrada = np.array(data).reshape(1, -1)
    predicao = modelo.predict(entrada)
    return {"previsão": predicao.tolist()}
```

Agora, criamos um Dockerfile para implantar a API:
dockerfile

```dockerfile
FROM python:3.9
WORKDIR /app
COPY . /app
RUN pip install fastapi uvicorn scikit-learn
CMD ["uvicorn", "api:app", "--host", "0.0.0.0", "--port", "8000"]
```

Construindo e rodando o contêiner:
sh

```
docker build -t ml-api .
docker run -p 8000:8000 ml-api
```

Agora, o modelo pode ser acessado via API REST, facilitando sua integração com aplicações externas.

Erros Comuns e Soluções recomendadas

Erro: "DVC storage quota exceeded"
Solução: Utilizar um serviço de armazenamento escalável, como AWS S3, Google Cloud Storage ou Azure Blob Storage.
sh

```
dvc remote add myremote gs://meu-bucket-dvc
```

Erro: Modelo treinado localmente, mas não disponível na API
Solução: Verificar se o modelo foi salvo corretamente no diretório de trabalho.
python

```
import os
print(os.listdir("."))
```

Erro: CI/CD falhando ao executar o pipeline
Solução: Utilizar pip freeze para listar dependências e garantir que todas estão no requirements.txt.
sh

```
pip freeze > requirements.txt
```

Boas Práticas

- **Utilizar pipelines automatizados** para garantir que os modelos sejam atualizados sempre que novos dados forem adicionados.

- **Implementar testes unitários** para verificar se o modelo não introduz regressões de desempenho.

- **Monitorar a performance do modelo em produção** para detectar **drifts de conceito e necessidade de re-treinamento.**

- **Usar versionamento de modelos com DVC** para rastrear mudanças e garantir reprodutibilidade.

Aplicações reais de MLOps e CI/CD:

- **Sistemas de recomendação**: Atualização contínua de modelos para personalização em tempo real.

- **Detecção de fraudes bancárias**: Automação de treinamento para identificar novas ameaças rapidamente.

- **Classificação médica**: Implantação automatizada de modelos para diagnósticos baseados em IA.

Resumo Estratégico

A integração de MLOps e CI/CD com Scikit-Learn permite que modelos de Machine Learning sejam desenvolvidos, versionados, testados e implantados automaticamente, garantindo maior confiabilidade e escalabilidade. Com pipelines bem estruturados, é possível manter modelos sempre atualizados, reduzindo riscos operacionais e melhorando a eficiência da IA aplicada a diferentes setores.

CAPÍTULO 25. TESTES E DEPURAÇÃO EM MACHINE LEARNING

A validação de modelos de Machine Learning vai além da simples avaliação de métricas de desempenho. Para garantir que um modelo funcione de maneira confiável em diferentes cenários, é fundamental aplicar técnicas de teste, depuração e profiling. O Scikit-Learn fornece ferramentas que permitem verificar a robustez dos modelos, identificar erros ocultos e otimizar pipelines de Machine Learning.

Os testes em Machine Learning envolvem diferentes abordagens, como testes unitários para funções auxiliares, validação de performance com diferentes conjuntos de dados e depuração de erros lógicos. A integração de técnicas de debugging e profiling possibilita uma análise detalhada do comportamento dos modelos, garantindo maior confiabilidade e eficiência computacional.

Componentes, templates e metadados

Os testes avançados e a depuração em Machine Learning podem ser divididos em três áreas essenciais:

- **Testes unitários para funções auxiliares e pré-processamento de dados**

- **Validação de modelos e análise de erros**

- **Profiling e otimização de desempenho**

A adoção dessas práticas permite que modelos mantenham alta precisão e sejam robustos contra variações inesperadas nos dados.

Diretivas estruturais e atributos

Os principais atributos dos testes avançados e depuração incluem:

- **Testes de integridade dos dados**: Verificam a consistência dos dados de entrada antes do treinamento.

- **Testes de robustez dos modelos**: Avaliam como um modelo se comporta diante de diferentes distribuições de dados.

- **Debugging e análise de erros**: Identificam falhas em predições e ajudam a ajustar hiperparâmetros.

- **Profiling de desempenho**: Otimiza o tempo de execução e reduz o consumo de memória dos pipelines.

A implementação dessas práticas aumenta a confiabilidade dos modelos e facilita a correção de falhas antes da implantação.

Técnicas de teste, debugging e profiling para pipelines do Scikit-Learn

Testes unitários para funções auxiliares:
O pytest é uma das ferramentas mais utilizadas para testes em Python e pode ser aplicado em funções auxiliares de Machine

Learning.
Instalação do pytest:
sh

```
pip install pytest
```

Criando um teste unitário para validação de entrada de dados:
python

```python
import pytest
import pandas as pd
from sklearn.preprocessing import StandardScaler

# Função que normaliza os dados
def normalizar_dados(df):
    scaler = StandardScaler()
    return scaler.fit_transform(df)

# Teste para verificar se a função lida com valores ausentes
corretamente
def test_normalizar_dados():
    df = pd.DataFrame({"coluna1": [10, 20, None, 40], "coluna2":
[1, 2, 3, 4]})
    with pytest.raises(ValueError):
        normalizar_dados(df)
```

O teste verifica se a função retorna erro ao encontrar valores ausentes, garantindo que falhas sejam tratadas antes do treinamento do modelo.

Testando a robustez do modelo

Testes estruturados podem verificar se um modelo mantém sua performance em diferentes cenários.

python

```
from sklearn.ensemble import RandomForestClassifier
from sklearn.datasets import make_classification
from sklearn.model_selection import train_test_split
from sklearn.metrics import accuracy_score

# Gerando dados sintéticos para teste
X, y = make_classification(n_samples=1000, n_features=20,
random_state=42)
X_treino, X_teste, y_treino, y_teste = train_test_split(X, y,
test_size=0.2, random_state=42)

# Criando e treinando o modelo
modelo = RandomForestClassifier(n_estimators=100)
modelo.fit(X_treino, y_treino)

# Testando robustez em dados com ruído
import numpy as np
X_teste_ruido = X_teste + np.random.normal(0, 0.5,
X_teste.shape)
y_pred = modelo.predict(X_teste_ruido)

# Verificando se a acurácia se mantém aceitável
assert accuracy_score(y_teste, y_pred) > 0.7, "O modelo perdeu
muita precisão em dados ruidosos"
```

Esse modelo de teste assegura que o modelo mantém sua precisão mesmo quando os dados possuem ruído, o que é essencial para aplicações no mundo real.

Depuração de erros com SHAP e análise de previsões inesperadas

A biblioteca SHAP pode ajudar a entender por que um modelo erra determinadas previsões.
python

```
import shap

explainer = shap.Explainer(modelo, X_treino)
shap_values = explainer(X_teste)

# Visualizando a importância das variáveis para uma previsão errada
shap.plots.waterfall(shap_values[0])
```

Com essa abordagem, é possível identificar padrões nas previsões incorretas e ajustar o modelo para reduzir erros.

Profiling e otimização de pipelines

O profiling permite analisar o desempenho do pipeline e identificar gargalos que afetam a eficiência do modelo.

Utilizando cProfile para analisar desempenho do pipeline:
sh

```
python -m cProfile -s time train.py
```

Essa análise retorna informações sobre quais partes do código consomem mais tempo, permitindo otimizações.

Utilizando memory_profiler para identificar consumo de memória:
sh

```
pip install memory_profiler
```

python

```
from memory_profiler import profile

@profile
def treinar_modelo():
    modelo = RandomForestClassifier(n_estimators=100)
    modelo.fit(X_treino, y_treino)

treinar_modelo()
```

Com o memory_profiler, é possível otimizar o consumo de memória do modelo, evitando desperdícios de recursos computacionais.

Erros Comuns e Soluções recomendadas

Erro: "AssertionError: O modelo perdeu muita precisão em dados ruidosos"
Solução: Ajustar hiperparâmetros do modelo para torná-lo mais resistente.
python

```
modelo = RandomForestClassifier(n_estimators=200, max_depth=10)
```

Erro: "MemoryError" ao treinar modelos grandes
Solução: Usar Dask para processar os dados em chunks e evitar sobrecarga.
python

```
import dask.dataframe as dd
dados = dd.read_csv("dados_grandes.csv")
```

Erro: "Testes falhando devido a valores NaN"
Solução: Preencher valores ausentes antes de aplicar testes.
python

```
df = df.fillna(df.mean())
```

Boas Práticas

- **Testar cada etapa do pipeline de Machine Learning** para evitar falhas na produção.

- **Utilizar ferramentas de profiling** para otimizar o tempo de execução e o consumo de memória dos modelos.

- **Automatizar testes** usando **pytest** e integrar com pipelines de CI/CD.

- **Analisar erros com SHAP** para identificar padrões nas previsões incorretas.

Aplicações de testes e depuração em Machine Learning:

- **Validação de modelos para diagnóstico médico**: Garante que a IA não cometa erros críticos em diagnósticos.

- **Detecção de fraudes bancárias**: Testes automatizados ajudam a evitar falsos positivos em modelos preditivos.

- **Classificação de crédito**: Depuração de erros permite melhorar a precisão dos modelos usados por bancos.

Resumo Estratégico

A implementação de testes avançados, depuração e profiling no Scikit-Learn é essencial para garantir que modelos de Machine Learning sejam precisos, eficientes e robustos contra falhas. Com práticas bem estruturadas, é possível evitar erros inesperados, melhorar a confiabilidade dos modelos e garantir que eles sejam implantados com segurança em aplicações do mundo real.

CONCLUSÃO FINAL

A jornada de aprendizado coberta ao longo de todo este livro reflete a ampla relevância do Scikit-Learn como pilar essencial na formação de qualquer profissional que atue em ciência de dados. Entender a teoria e a prática por trás dos algoritmos de Machine Learning vai muito além de simples códigos prontos. Trata-se de construir uma base sólida de conhecimento que permita criar soluções robustas, escaláveis e seguras. É justamente ao dominar a versatilidade do Scikit-Learn que surgem as oportunidades de aplicar ideias inovadoras e conduzir análises complexas de dados com alto nível de precisão.

A primeira etapa, apresentada no Capítulo 1, explicou o que é Scikit-Learn e ofereceu uma visão panorâmica sobre sua história e evolução. Também esclareceu as diferenças entre esta biblioteca e outras soluções de Machine Learning, pontuando a arquitetura baseada em componentes como uma das grandes forças do framework. Esse ponto inicial estabelece o fundamento de como o Scikit-Learn organiza internamente suas classes, estimadores e transformadores, algo que permeia todas as demais etapas do livro.

No Capítulo 2, o foco recaiu na instalação e configuração do ambiente, cobrindo desde a aquisição do Python e do próprio Scikit-Learn até a criação do primeiro projeto de Machine Learning. Também se mostrou a estrutura básica de projetos, explicando como o uso de um diretório bem organizado e o arquivo requirements.txt garante reprodutibilidade. Essa abordagem inicial facilita a colaboração com outros desenvolvedores e evita problemas de dependências em diferentes máquinas. Além disso, mostrou-se como testar a instalação para assegurar que todas as bibliotecas foram configuradas corretamente.

Seguindo adiante, o Capítulo 3 abordou a estrutura e os conceitos fundamentais do Scikit-Learn, incluindo componentes, templates e metadados. Uma parte fundamental foi a introdução ao Python e seu papel dentro do Scikit-Learn, realçando que, embora a biblioteca seja especializada em Machine Learning, ela está sempre ancorada nos pilares do ecossistema Python. Também se discutiram diretrizes estruturais e atributos, apontando erros comuns que podem ocorrer quando desenvolvedores são iniciantes ou não seguem corretamente os padrões. O fechamento dessa fase ilustrou a importância de boas práticas como manter código limpo e bem documentado, mostrando aplicações reais que refletem a robustez dessa abordagem.

O Capítulo 4 se aprofundou no trabalho com estimadores. Foi um passo significativo para compreender como Scikit-Learn lida com algoritmos básicos, desde os mais simples até aqueles mais sofisticados, sempre mantendo a interface padronizada de fit, predict e score. Esse capítulo evidenciou que a uniformidade do Scikit-Learn simplifica a curva de aprendizado e facilita a troca de algoritmos, permitindo testes rápidos de diferentes opções. Os principais erros e soluções recomendadas tornaram o aprendizado prático, ajudando a contornar problemas recorrentes em implementações de algoritmos.

Seguindo essa progressão lógica, o Capítulo 5 trouxe o pré-processamento de dados para o centro da discussão, enfatizando a importância de preparar corretamente os dados antes de alimentar qualquer modelo. Conceitos como normalização, padronização e tratamento de valores ausentes foram aprofundados, demonstrando como técnicas de pré-processamento podem melhorar o desempenho geral de um modelo. Os exemplos explicitaram como o Scikit-Learn já oferece transformadores prontos para isso, simplificando bastante a adoção dessas práticas. Nos conselhos finais, foi reforçada a relevância de verificar sempre a integridade e a homogeneidade das variáveis antes de prosseguir.

O Capítulo 6 apresentou o processo de Feature Engineering com Scikit-Learn. Nesta etapa, definiu-se como criar e selecionar as variáveis (features) certas para um problema. Explicou-se por que a engenharia de features é fundamental para melhorar a capacidade preditiva dos algoritmos. Discutiram-se métodos como PolynomialFeatures e OneHotEncoder, que expandem as possibilidades de representação dos dados. A mensagem principal é clara: com boas escolhas de features, os modelos podem capturar relações mais complexas e fornecer previsões mais assertivas.

Em seguida, o Capítulo 7 tratou dos modelos de regressão. Esse assunto mostrou como lidar tanto com relações lineares quanto não lineares, explorando algoritmos essenciais para problemas de valores contínuos, como regressão linear e regressão polinomial. Também se mostrou como realizar previsões e avaliar métricas como R^2, MAE e MSE, permitindo um entendimento profundo de como um modelo se adequa aos dados e quais ajustes podem ser necessários para melhorar seu poder preditivo. Isso remete à necessidade de testes regulares e cuidados com possíveis extrapolações.

No Capítulo 8, chegou a vez dos modelos de classificação. O leitor pôde compreender o funcionamento de algoritmos como Logistic Regression, Decision Trees, Random Forest e K-Nearest Neighbors para problemas em que as variáveis-alvo são categorias. Com esta introdução, percebe-se que cada método possui suas particularidades, indicando que a escolha do algoritmo ideal depende tanto do tipo de dados quanto do objetivo do projeto. Dicas sobre uso de acurácia, precisão, recall e F1-score foram valiosas para avaliar corretamente a performance em cenários com diferentes demandas.

O Capítulo 9 expôs o tema de validação e avaliação de modelos. Com ênfase em técnicas de validação cruzada, o leitor pôde ver como mitigar o overfitting, obtendo estimativas confiáveis do desempenho real de um modelo. Ressaltou-se que medir apenas a acurácia pode ser enganoso em muitos contextos, levando à discussão de métricas específicas que atendem melhor a diferentes necessidades. A abordagem cuidadosa com esse capítulo leva a um entendimento sólido de como conduzir experimentos reprodutíveis e confiáveis.

Seguindo a linha de melhorar continuamente o modelo, o Capítulo 10 revelou o ajuste de hiperparâmetros, com explicações sobre como técnicas como GridSearchCV e RandomizedSearchCV podem ajudar a encontrar configurações ótimas para maximizar a performance do modelo. Esse processo é especialmente relevante para algoritmos complexos ou que possuam muitos parâmetros. Foram citados ainda erros comuns, como uso equivocado de validação cruzada ou sobrecarga do sistema ao testar combinações exageradas de valores. No final, destacou-se que o ajuste de hiperparâmetros pode impactar de maneira significativa a qualidade das previsões, mas deve ser feito com critério e sem negligenciar a análise de overfitting.

No Capítulo 11, entraram em cena os métodos ensemble. Técnicas como Random Forest e Gradient Boosting permitem combinar múltiplos modelos para obter previsões mais robustas. A ideia central é que cada modelo, ao ser combinado, corrige os erros dos outros, resultando em um desempenho global superior. O capítulo também abordou as principais configurações desses métodos e como gerenciar parâmetros como n_estimators e learning_rate. O grande valor de ensembles está em sua capacidade de lidar com dados complexos sem excesso de tuning.

Já o Capítulo 12 focou em Support Vector Machines (SVM), um algoritmo poderoso para classificação e regressão. A explicação envolveu desde o conceito do hiperplano ótimo até a discussão de kernels lineares e não lineares, como RBF e polinomial, que estendem as capacidades do SVM. Esclareceram-se problemas frequentes, como a escolha do parâmetro C ou gamma. O capítulo ainda traçou um paralelo sobre como SVM se diferencia de outros algoritmos em termos de robustez frente a ruídos ou alta dimensionalidade.

No Capítulo 13, as redes neurais com MLPClassifier receberam atenção especial. Abordaram-se desde a configuração dos neurônios e camadas ocultas até as funções de ativação. O leitor pôde ver como o Scikit-Learn oferece suporte a redes neurais simples, facilitando o aprendizado. Discutiu-se a importância de normalizar dados e a necessidade de cuidado com problemas de convergência ao ajustar parâmetros como max_iter e alpha. Esse capítulo realça que, embora redes neurais tenham se popularizado, é vital entender o funcionamento delas e não apenas aplicá-las sem critério.

Seguindo a progressão, o Capítulo 14 mergulhou nos algoritmos de clusterização, um tema fundamental em análise exploratória de dados. K-Means, DBSCAN e Agglomerative Clustering foram enfatizados, cada qual oferecendo formas diferentes de agrupar amostras sem rótulos pré-definidos. Observou-se como a escolha do número de clusters ou o valor de eps no DBSCAN pode alterar drasticamente os resultados. A mensagem aqui é que não há abordagem universal: é preciso testar e avaliar qual algoritmo se encaixa melhor nos objetivos.

O Capítulo 15 mostrou como a redução de dimensionalidade pode simplificar a representação de dados, facilitando tanto a interpretação quanto o treinamento de modelos. PCA e t-SNE destacaram-se como técnicas populares, ainda que tenham objetivos diferentes. O PCA busca projeções que maximizam a variância, enquanto t-SNE foca em preservar as relações locais. Erros comuns, como perda de informação ou lentidão no t-SNE, foram abordados junto às soluções recomendadas.

A detecção de anomalias foi o tema do Capítulo 16, mostrando como algoritmos como Isolation Forest, Local Outlier Factor e One-Class SVM podem identificar pontos fora do padrão esperado. Realçou-se a aplicação dessas técnicas na detecção de fraudes e segurança cibernética. Também se pontuou a importância de definir adequadamente a contaminação e outros parâmetros, visto que ajustes incorretos podem gerar muitos falsos positivos ou ignorar anomalias reais.

No Capítulo 17, a automatização de pipelines ganhou importância. A criação de pipelines no Scikit-Learn permite combinar diferentes etapas (pré-processamento, seleção de features, modelo final) em um fluxo coeso e replicável. Comentou-se como essa abordagem facilita a validação cruzada, o ajuste de hiperparâmetros e a padronização de processos, reduzindo as chances de falhas humanas no momento de aplicar transformações em dados de teste ou produção.

O Capítulo 18 focou no deploy de modelos Scikit-Learn, passo fundamental para levar soluções de Machine Learning do ambiente de desenvolvimento para a produção. Abordaram-se métodos de serialização como pickle e joblib, a criação de APIs REST com Flask ou FastAPI e a necessidade de monitorar a performance do modelo em produção. Esse processo garante que a inteligência desenvolvida chegue efetivamente ao usuário final de forma escalável.

Em seguida, o Capítulo 19 discutiu a manipulação de dados desbalanceados, um desafio frequente em detecção de fraudes, diagnósticos médicos e demais casos em que uma classe é muito mais rara do que a outra. Técnicas como oversampling (SMOTE), undersampling e ajuste de pesos no algoritmo mostraram-se essenciais para evitar que o modelo ignore a classe minoritária. O leitor pôde perceber como a acurácia pode ser enganosa nesses cenários, demandando métricas adequadas como recall e F1-score.

No Capítulo 20, a integração com outras bibliotecas foi explorada, principalmente com Pandas, NumPy e Matplotlib. O objetivo foi demonstrar como essas ferramentas complementam o Scikit-Learn em um fluxo de trabalho completo de análise de dados, visualização e modelagem. Também se mencionou como Seaborn pode enriquecer a análise exploratória e a apresentação de resultados, enfatizando a necessidade de um ecossistema coeso para desenvolver soluções realmente eficazes.

Avançando, o Capítulo 21 apresentou a automação e o AutoML, destacando frameworks como Auto-sklearn e TPOT. Essas ferramentas buscam otimizar a seleção de algoritmos, o ajuste de hiperparâmetros e a engenharia de features de forma automática. Assim, o cientista de dados pode economizar tempo e concentrar esforços na análise de resultados, sem negligenciar que a curadoria de dados ainda precisa de atenção manual para evitar problemas de viés ou dados ausentes.

O Capítulo 22, sobre interpretação de modelos (Explainability), ressaltou a relevância de explicar como o modelo chegou a determinadas previsões, abordando técnicas como SHAP e LIME. Esse capítulo ganha importância em cenários em que regulamentações ou stakeholders exigem transparência. A capacidade de interpretar os modelos também auxilia na detecção de possíveis falhas ou vieses, contribuindo para uma adoção responsável e confiável da IA em áreas sensíveis.

Em seguida, o Capítulo 23 tratou da integração com Big Data, mostrando como Spark e Dask podem ser usados para lidar com volumes massivos de dados que excedem a memória de uma única máquina. O leitor pôde visualizar como utilizar Spark MLlib ou Dask-ML para treinar modelos distribuídos em clusters, assegurando escalabilidade e evitando problemas de gargalo computacional. O principal recado foi: mesmo que o Scikit-Learn seja voltado a um cenário "padrão", há caminhos para estender sua aplicabilidade a contextos muito maiores.

O Capítulo 24 discutiu MLOps e CI/CD para modelos Scikit-Learn, um passo além da simples criação de algoritmos. Esse tópico esclareceu como automatizar o ciclo de vida do Machine Learning, desde a coleta e pré-processamento de dados, passando pelo treinamento e validação contínuos, até a implantação e monitoramento em produção. Integração Contínua e Entrega Contínua (CI/CD) permitem que equipes mantenham o desenvolvimento de modelos sempre atualizado e ágil, respondendo rapidamente a mudanças nos dados ou nas demandas do negócio.

Por fim, o Capítulo 25 apresentou técnicas de teste avançado e depuração em Machine Learning. Aqui, mostrou-se como usar pytest para criar testes unitários, como verificar a robustez do modelo e como perfilar o consumo de recursos, assegurando que tudo funcione adequadamente quando o sistema estiver em produção. Depuração não se limita a achar bugs em código, mas também a diagnosticar por que o modelo erra ou consome muita memória. Esse capítulo coroa a ideia de que desenvolver soluções em Machine Learning vai muito além de escrever scripts rápidos: é preciso ter um ciclo completo de teste, análise e otimização.

Ao final dessa jornada, fica evidente como o domínio do Scikit-Learn é crucial para qualquer pessoa que deseje exercer a profissão de cientista de dados com eficácia. Não se trata apenas de conhecer comandos e classes, mas de entender a lógica por trás de cada fase de um projeto, desde a coleta e transformação de dados até a criação, validação e implantação de modelos. A biblioteca, com sua filosofia de modularidade e padronização, serve como um alicerce robusto para colocar ideias em prática de forma organizada e escalável.

A reflexão, portanto, é que aprender e dominar o Scikit-Learn proporciona não apenas a capacidade de criar modelos, mas também a habilidade de conduzir análises complexas em cenários reais, lidar com problemas típicos do ciclo de Machine Learning e entregar resultados confiáveis. O leitor que se aprofunda em cada capítulo começa a ver que a ciência de dados não se resume a treino e teste: cada detalhe importa, e cada parte do pipeline deve ser projetada, testada e mantida de forma coerente.

Esse amadurecimento, evidenciado pelos capítulos, cobre desde o básico de instalação até questões avançadas de MLOps e depuração, incluindo integrações com outras bibliotecas do ecossistema Python, aplicação de técnicas de explicabilidade e escalabilidade com Big Data. A soma de todos esses conhecimentos compõe a estrutura de um profissional apto a enfrentar problemas de variada complexidade, sabendo quando e como aplicar as técnicas certas.

Portanto, fica claro que o Scikit-Learn não é apenas uma ferramenta, mas um catalisador de boas práticas e uma forma de pensar em Machine Learning de maneira organizada, eficiente e confiável. Cada capítulo encapsula aspectos práticos e teóricos fundamentais, que em conjunto formam um panorama amplo sobre como construir soluções de dados que entreguem valor real. É esse conjunto de habilidades que diferencia um diletante de um profissional, permitindo que projetos de IA sejam conduzidos com segurança e resultados robustos.

Agradeço imensamente a companhia do leitor durante essa longa, porém gratificante, jornada. Espero que cada capítulo tenha revelado nuances importantes e oferecido ferramentas e insights para aprimorar ainda mais suas habilidades em ciência de dados. A ambição de ver projetos concretos crescerem e impactarem positivamente o mundo se torna alcançável quando se tem um sólido domínio de bibliotecas como o Scikit-Learn e de todos os processos que permeiam o desenvolvimento de soluções em Machine Learning.

Cordialmente,
Diego Rodrigues & Equipe